MICHEL MONTIGNAC

GESUND MIT SCHOKOLADE

VORWORT VON ERNST-ULRICH SCHASSBERGER
PRÄSIDENT EUROTOQUES DEUTSCHLAND

AUS DEM FRANZÖSISCHEN VON
LIANE SCHUMPA UND ELKE MAROWELLI

ARTULEN-VERLAG
Deutsche Erstausgabe 1996

ARTULEN-VERLAG, OFFENBURG
Luisenstraße 4
D-77654 Offenburg
Telefon: (0781) 948 18 83
Fax: (0781) 948 17 82
Deutsche Erstausgabe 1996

Vom selben Autor sind folgende Bücher
beim Artulen-Verlag erschienen:

Essen gehen und dabei abnehmen

Ich esse, um abzunehmen

Montignac Rezepte und Menüs

Lektorat: Simone Heuschneider

Titelabbildung: „Freude über die gute Ernte".
Öl/Leinwand von Gontran Durocher

Farbfotos: Infozentrum Schokolade und Barry

Layout: Rotation Verlags-Service
Zerling & Heßling, Berlin

Druck: Oktober Druck, Berlin

Gedruckt auf umweltfreundlichem Papier
Printed in Germany

ISBN 3-930989-02-6

GESUND MIT SCHOKOLADE

Danksagungen

Dieses Buch hat die Mitarbeit von Fachleuten erforderlich gemacht, die uns mit ihrem „Know-how“ hilfreich zur Seite standen.

Mein besonderer Dank gilt deshalb:

Dr. Hervé ROBERT, Arzt für Ernährung,

und dem

INFOZENTRUM SCHOKOLADE in Düsseldorf.

Vorwort

Neue Gerichte oder Genußmittel zu probieren hatte von jeher seinen Reiz. Oft aber bleibt der erhoffte Gaumenkitzel aus, oder es stellt sich sogar Widerwille ein.

So muß es den Spaniern in der Neuen Welt ergangen sein, als sie zum ersten Mal mit *„chocolatl"* in Berührung kamen, dem bitteren Kakaotrank der Einheimischen.

Dennoch weckten die Samen des Kakaobaums die Neugier der Kolonialherren. Mit der Zeit entwickelten sie die für schmackhafte Kakao-Zubereitungen unentbehrlichen Verfahren wie Rösten, Schälen und Zerkleinern der Kerne. Zur Schokoladenherstellung und Zubereitung von Trinkschokolade war es nur noch ein kleiner Schritt.

Dennoch dauerte es mehrere Jahrhunderte, bis sich die Schokolade durchsetzte. Gerade viele Mächtige der damaligen Welt lehnten die neuen Genußmittel ab. Daneben erfuhren sie aber auch viel Anerkennung – vor allem von Ärzten.

Im vorliegenden Buch zeichnet Michel Montignac diesen verschlungenen Weg der Schokolade durch die Zeitalter nach. Aus alten Aufzeichnungen schildert er, wie schon die Mayas auf der mexikanischen Yucatan-Halbinsel den Kakaobaum anbauten, und er stellt amüsante Betrachtungen über die süße Versuchung an Europas Höfen an. Schließlich machte die Erfindung der Dampfmaschine die Massenproduktion möglich: 1828 bot eine Potsdamer Firma Deutschlands erste *„Dampf-Schokolade"* feil. Seither sind die braunen Tafeln für jedermann erschwinglich, und Schokolade ist buchstäblich in aller Munde.

Dies rief sogleich die Gesundheitsapostel auf den Plan, die vor dem Verzehr der Leckerei warnten: Schokolade sollte für Fettleibigkeit, Diabetes, hohen Cholesterinspiegel, Migräne, Leberbeschwerden und anderes mehr verantwortlich sein. *„Durch Naschen sterben mehr Menschen als durch das Schwert"*, hieß es bald in einem Sprichwort.

Diesen alten (Vor-)Urteilen tritt Michel Montignac entgegen. Er lehrt, den Genuß an der Schokolade neu zu entdecken – mit Maß und Ziel, aber frei von Sorgen um die Gesundheit. So braucht sie weder in der gehobenen Gastronomie noch in den Küchen der jungen, gesundheitsbewußten Generation zu fehlen – vorausgesetzt, es ist die *„richtige"* Schokolade.

Darüber klärt Montignac seine Leser auf. Konsequent bezieht er die Schokolade in seine Ernährungsmethode ein, die nunmehr berühmte MONTIGNAC-METHODE, die er in dem Bestseller *„Ich esse, um abzunehmen“* näher beschreibt. Im vorliegenden Buch erläutert er den physiologischen Nutzen der Kakaoerzeugnisse (zum Beispiel wirken sie antidepressiv). Wir sollten sein Wissen und seine Regeln beherzigen. Denn sie weisen den Weg zu einem Genuß ohne Reue.

Ernst-Ulrich SCHASSBERGER

Präsident Eurotoques Deutschland

–Europäische Union der Spitzenköche–

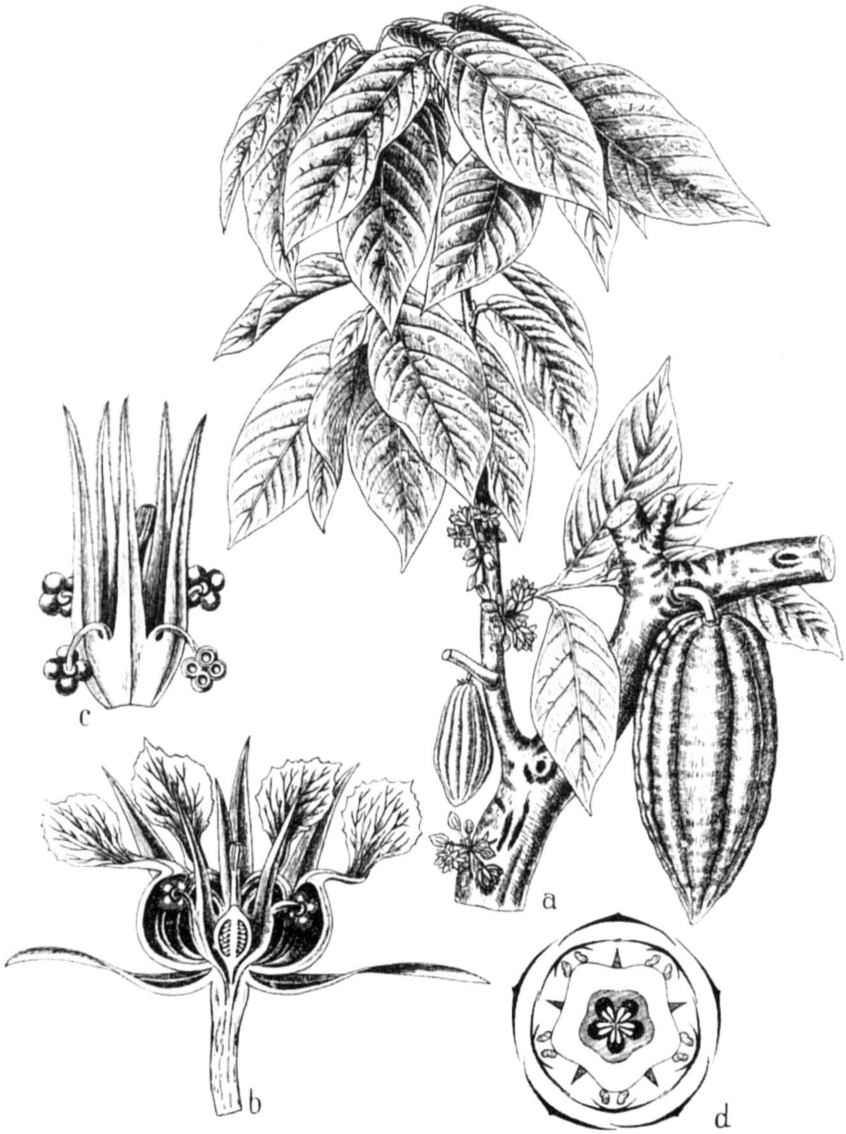

Fig. a) Theobroma Cacao, Zweig mit Blättern, Blüten und Früchten.
Fig. b) Längsschnitt durch die Blüte.
Fig. c) Staubblattröhre mit fertigen Staubgefäßen,
Staminodien (sterile Staubgefäße) und hervortretender Stempelnarbe.
Fig. d) Blütendiagramm.
Nach der farbigen Tafel von Bollmann aus „Ausländische Kulturpflanzen" von H. Zippel.
(Aus: Andreas Sprecher von Bernegg „Tropische und subtropische Weltwirtschaftspflanzen", Stuttgart 1934)

Einleitung

„Kakao", bei wem hat dieses exotisch klingende Wort in jungen Jahren keine freudige Erregung hervorgerufen?

Als verdiente Belohnung in der frühen Kindheit, empfohlenes Stärkungsmittel in der Pubertät, gemeinsam verspeistes Zeichen der Liebe bei ersten Gefühlsregungen und als oft verbotener, aber trotzdem nicht verachteter Trostspender im Alter ist Schokolade genaugenommen immer gern gesehen.

Als besonderer Genuß an Weihnachten, Ostern oder an Geburtstagen, köstliche Opfergabe und als Weggefährte in einsamen Stunden und bei Liebeskummer bildet Schokolade einen festen Bestandteil des gesellschaftlichen Lebens und dient zudem als Zeichen der Gastfreundschaft.

Dies ist allein ihr Verdienst, denn sie wurde durch falsche Vorurteile und vorgefaßte Meinungen so oft in Verruf gebracht, daß jedes andere Lebensmittel mit weniger guten Eigenschaften seit langem völlig in Vergessenheit geraten wäre.

Die Geschichte der Schokolade ist lang und voller Abenteuer. An der Grenze zur Neuen Welt entdeckt, war sie – genau wie Gold – Teil der Beute, die das spanische Kolonialreich begründete.

Die zuerst heimlich, dann mit großem Pomp beim Adel eingeführte Schokolade war Gegenstand schlimmster Intrigen, gab Anlaß zu dunklen Machenschaften und gehörte bei den Großen verschiedener Königreiche gewissermaßen zum täglichen Leben.

Die mal vergötterte, mal verbannte Schokolade hätte fast zu einer Spaltung der Kirche geführt.

Schokolade hat seit jeher Erstaunen hervorgerufen und Unordnung verursacht; die Gegner der Schokolade stützten sich bei dem Versuch, ihre ablehnende Haltung zu untermauern, auf merkwürdige Schwindelgeschichten.

Die aus Kakaomasse, einer teuflisch bösen Lava, hergestellte Schokolade war seit ihrer Entdeckung Gegenstand erbitterter Kontroversen und heftigster Kritiken. Sie wurde schlechtgemacht, obwohl sie überhaupt nichts Schädliches an sich hatte, ganz im Gegenteil, ihre Inhaltsstoffe besaßen besondere Heilkräfte.

De Caylus, Arzt im 18. Jahrhundert, fiel auf diese Täuschung nicht herein und prangerte die Diffamierungen, denen dieses Produkt ausgesetzt war, lautstark an.

„Gegen Kakao gibt es alte Vorurteile. Die Leserschaft muß über die falschen Vorurteile aufgeklärt werden, die von den Autoren aufgrund veralteter Vorstellungen zum Ausdruck gebracht wurden und die sich in den Köpfen einer Vielzahl von Menschen tief eingegraben haben."

Fast drei Jahrhunderte später ist dieser Satz immer noch erstaunlich aktuell, weshalb ich – als eingefleischter Schokoladenfan – beschlossen habe, den Kampf wieder aufzunehmen in dem Versuch, der Schokolade die Stellung wiederzugeben, die ihr gebührt. Dazu ermittle ich anhand aktueller wissenschaftlicher Veröffentlichungen den gegenwärtigen Stand der Dinge und nehme den folgenden Satz von Baynton als Grundsatz für meine Untersuchung:

„Eine Sache braucht nur bewundernswert zu sein, um sofort zur Zielscheibe von Verleumdungen zu werden. Die hinterhältigen und hartnäckigen Behauptungen über Schokolade müssen Punkt für Punkt widerlegt werden."

Ich möchte, daß bei der Lektüre dieses Buches die Mauer der Verbote und Verdächtigungen, die schon so lange in den Köpfen der Schokoladekonsumenten vorhanden ist, endlich einstürzt, um dem einzig wahren Vergnügen Platz zu machen, sich ohne irgendwelche Schuldgefühle dem Genuß hinzugeben.

TEIL I

DIE GESCHICHTE EINES ERFOLGS

Kapitel I

DER SIEGESZUG DER SCHOKOLADE

Amerika vor der Entdeckung durch Kolumbus

Quetzalcoatl als Windgott.
(Aus dem Codex Magliabecchi)

Der Kakaobaum kann zwischen vier und zwölf Meter hoch werden, sein Stamm hat einen Durchmesser von etwa dreißig Zentimetern, und seine sehr dünne zimtbraune Rinde besitzt einen silbernen Glanz.

Er liebt Feuchtigkeit und Wärme, vor allem benötigt er jedoch Schatten, weshalb er häufig neben schattenspendenden Bäumen und Sträuchern wie Maniok, Baumwollsträuchern, Zitronen- und Bananenbäumen zu finden ist. Es hat sich gezeigt, daß Plantagenbesitzer bevorzugt Korallensträucher verwenden, da sie dem Kakaobaum durch ihr schnelles Wachstum und ihr üppiges Blattwerk früher Schutz bieten. Dies veranlaßte die Eingeborenen, ihnen den Beinamen »Madre del cacao« zu geben.

Am Kakaobaum bilden sich etwa sechstausend kleine rote bis rosafarbene Blüten. Nur wenige erreichen die Reifezeit. Ein Kakaobaum trägt tatsächlich nicht mehr als etwa sechzig Früchte, die sogenannten Kakaofrüchte. Es sind große, ungefähr zwanzig Zentimeter lange Früchte mit einer dicken Schale. Im Innern befindet sich milchiges, zähflüssiges Fruchtfleisch, das etwa fünfzig Samen enthält, die sogenannten Kakaobohnen.

Die Kakaoernte findet nur zweimal im Jahr, im Juni und im Oktober, statt. Nachdem die Kakaofrüchte einzeln gepflückt wurden, werden sie geöffnet. Die Bohnen werden geschält und müssen dann mehrere Tage gären, damit sich ihr Aroma entfaltet und die Bitterstoffe verschwinden. Danach werden sie getrocknet und geputzt, bevor sie in Säcken gelagert werden, die dann in die ganze Welt verschickt werden.

Der Kakaoanbau reicht etwa bis ins Jahr 600 zurück. Die Mayas der Halbinsel Yucatan, die zu Mexiko gehört, waren die Entdecker.

Später, im Zeitalter der Tolteken (800 – 1100 n.Chr.) wurde der Kakaobaum, »cacauatl« genannt, regelrecht verehrt. Einer Legende zufolge ist dieser Baum königlichen Ursprungs. Sie besagt, daß eine Prinzessin, die auf den Schatz ihres Mannes, der in den Krieg gezogen war, aufpassen sollte, von Dieben angegriffen wurde. Als es ihnen nicht gelang, aus ihr herauszulocken, wo das Gold versteckt war, töteten sie sie aus Rache. Aus dem Blut, das von der tapferen Ehefrau vergossen wurde, entstand der Kakaobaum. Seine Samen sind bitter wie ihre Schmerzen und rot wie ihr Blut.

Um seiner Entstehung zu gedenken, riefen die Plantagenbesitzer die Götter an und opferten ihnen einen Hund, dessen Fell ein kakaofarbener Fleck zierte. Dann verbrannten sie vor den Götzenbildern Weihrauch und erhielten einen von Priestern geweihten Zweig eines Kakaobaumes.

Es war Brauch, daß Kakaofrüchtesammler dreizehn Tage vor der Ernte enthaltsam leben mußten. Dafür wurde dann am Tag der Ernte eine regelrechte Orgie gefeiert.

In der aztekischen Mythologie war der Kakaobaum mit dem Baum der Erkenntnis des jüdischen Volkes vergleichbar. Er bildete die schönste Zierde des mexikanischen Paradieses.

In diesem Garten Eden lebte Quetzalcoatl, zivilisatorischer Gott und Priesterkönig des Paradieses der ersten Menschen. Als Priester war er vollkommen und galt als Vorbild. Als König war er der Herrscher der Tolteken in der Stadt Tula, wo es nur verschwenderische Fülle, Luxus und Schönheit gab. Traumhafte Bauten wurden errichtet und mit einem Dach aus Muschelschalen und Edelmetallen versehen. Das Beste, was die Natur zu bieten hatte, war in Hülle und Fülle vorhanden. Doch dieses Goldene Zeitalter ging zu Ende, als fremde Zauberer in Tula ankamen, mit Tezcatlipoca, dem Gott des Krieges, des Zaubers und der Finsternis, an der Spitze. Ihre schwarze Magie siegte über Quetzalcoatl, der sich tiefbetrübt von seinem Volk trennen mußte. Die schillernden Vögel verließen die Stadt, die Pflanzen gingen zugrunde, die Maisfelder und Kakaoplantagen verschwanden. Der gestürzte König machte sich auf den Weg ins Exil, auf der Suche nach dem „Göttlichen Wasser“, und schiffte sich auf einem seltsamen Floß aus ineinander verschlungenen Schlangen ein, das Richtung Osten fuhr. Doch vor seiner Abreise machte er folgende Prophezeiung:

„In einem Schilfrohrjahr werde ich hierher zurückkehren und mein Ansehen wiederherstellen. Bis dahin wird mein Volk eine unglückliche und entbehrungsreiche Zeit erleben“.

Die Jahre gingen dahin, doch den Völkern Mexikos blieben die Wohltaten des göttlichen Gärtners, der ihnen den unschätzbaren Kakaobaum geschenkt hatte, unvergeßlich. Unter dem Namen »Votan«, was soviel bedeutet wie „Gefiederte Schlange“, brachten sie ihm ihre Ehrerbietung dar.

Zu Beginn des sechzehnten Jahrhunderts wurden die Azteken von dem Kaiser Moctezuma II regiert, der eine große Leidenschaft für Schokolade empfand. Bei den Mahlzeiten reichten ihm Frauen von außergewöhnlicher Schönheit die Schokolade ehrerbietig in Goldbechern, die nur einmal benutzt und anschließend sofort in den an den Palast grenzenden See geworfen wurden. Sobald der König seine Mahlzeit beendet hatte, durften sich die Beamten dieses Getränk einverleiben.

Dieses Getränk, sozusagen das Nationalgetränk, wurde von dem Monarchen und seinen Hofleuten und Beamten gleichermaßen geschätzt. Man geht sogar von einem jährlichen Kakaoverbrauch des Palastes von einhundert Millionen Tonnen und einem Vorratslager von mehr als einhundert Millionen Bohnen aus.

Zu dieser Zeit war die Zubereitung des Kakaos sehr einfach: die Bohnen wurden zuerst in einer durchlöcherten Pfanne geröstet, dann geschält und

Altmexikanische Darstellung eines Kakaotrinkers.

Als Gott der Kakaopflanzer
galt bei den Mayas Chac Ek Chuah.

schließlich auf zuvor erwärmten Steinen zerstampft. So erhielt man eine grobe Masse, die mit dem Farbstoff Orlean und mit Pfeffer – zuweilen noch mit anderen Aromastoffen – versehen wurde. Dann gab man diese Mischung in heißes Wasser und rührte mit Hilfe eines sogenannten „Holzmixers" so lange, bis das Kakaofett an der Oberfläche schwamm. Das Getränk, das man dadurch erhielt, hieß »tchocoatl«. Nach der Etymologie bedeutet »tchoco« Geräusch und »atl« Wasser, was vielleicht als Bezug zu dem Geräusch zu sehen ist, das beim Kochen dieses Getränks oder beim Rühren mit dem Mixer entsteht.

Der König trank die Schokolade im allgemeinen pur oder mit etwas Honig. Das Volk gab sich hingegen damit zufrieden, ihren Maisbrei, »atole« genannt, mit etwas Kakao zu verfeinern. Diese Schokolade der Armen wurde auf dem Markt und in Läden, wo Musik gemacht wurde, verkauft.

Dennoch wurde schnell ersichtlich, daß Kakao außer seinem Nährwert und seinem Geschmack noch mehr gute Eigenschaften besaß. Die Bohnen hielten sich nämlich nach dem Trocknen sehr lange, weshalb sie im aztekischen Reich als Tauschobjekt Verwendung fanden. Ein Kürbis war vier Bohnen wert, ein Kaninchen kostete zehn, die Dienste einer Prostituierten oder einer schönen Sklavin kamen auf einhundert Bohnen.

Neben ihrer Funktion als Tauschobjekt wurden die Kakaobohnen auch zur Bezahlung von Steuern verwendet, die die Städte dem König im Verhältnis zu ihrem Reichtum und ihrer Kakaoproduktion entrichten mußten. Bei der Provinz Cihnatlan waren es beispielsweise zweimal jährlich achthundert Ladungen Kakaobohnen, bei der Provinz Xoconochco nur vierhundert Ladungen jährlich.

Sogar ein Zahlungssystem mit der Kakaobohne als Zahlungseinheit wurde entwickelt, um die verschiedenen Transaktionen zu erleichtern:

- 1 zontli = 400 Bohnen
- 1 canasta = 1 600 Bohnen
- 1 xiquipilli = 8 000 Bohnen
- 1 carga oder Ladung = 24 000 Bohnen
- 1 tribu = 64 000 Bohnen
- 1 tercio = 72 000 Bohnen

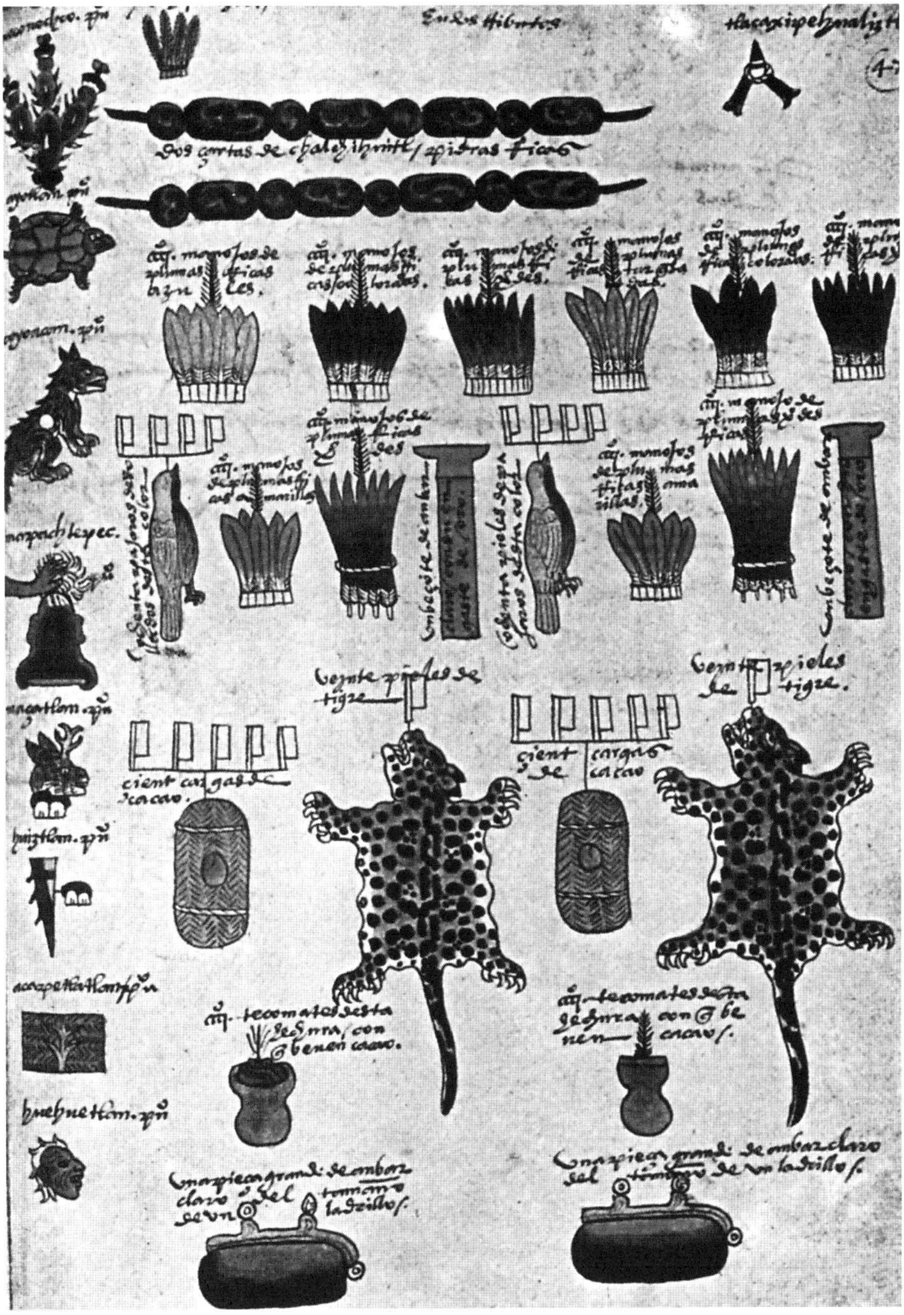

Eine Darstellung aus dem Codex Mendoza. Dieser wurde nach dem Eintreffen der spanischen Eroberer zur Belehrung der Kolonisatoren verwendet. Die Tafel unterrichtet über die Tributzahlungen an den Herrscher und daß sich darunter auch Kakaobohnen befanden.

Die Konquistadoren

Das erste Zusammentreffen von Cortés und Moctezuma, 1519.
(Cadbury Collection, Birmingham)

Zu dieser Zeit war Christoph Kolumbus am andern Ende der Welt verzweifelt darum bemüht, genügend Geld zur Finanzierung seiner Expedition nach Westindien zusammenzubringen.

Nachdem er sein gewaltiges Projekt erfolglos Johann II. von Portugal und den Königen von England und Frankreich vorgetragen hatte, gelang es ihm, Ferdinand II. von Aragón und Isabella von Kastilien für sich zu gewinnen, indem er ihnen versprach, Gold und andere märchenhafte Schätze mitzubringen, aber vor allem die fernen Volksstämme zum Christentum zu bekehren.

Christoph Kolumbus fuhr also am 3. August 1492 vom Hafen Palos in Andalusien los, mit einhundertzwanzig Männern an Bord von drei Karavellen.

Nachdem er unbekannte und einsame Meere durchquert hatte, gelangte er zu einer der Bahama-Inseln, wo er von dem einheimischen Häuptling empfangen wurde.

In seinem Logbuch machte er dazu folgende Eintragung:

„Ein großes Eingeborenenboot mit fünfundzwanzig Ruderern kam uns entgegen. Der durch ein Dach geschützte Häuptling bot uns Stoffe, schöne Kupfergegenstände und Samenkerne an, die sie als Zahlungsmittel verwenden und mit denen sie ein Getränk zubereiten."

Dies war die erste Begegnung des Abendlandes mit dem Kakao, doch zu diesem Zeitpunkt war sich noch niemand über den unschätzbaren Wert dieser Entdeckung im klaren.

Während Christoph Kolumbus die Grenzen der Neuen Welt immer weiter nach hinten versetzte, machte sich Moctezuma jeden Tag mehr Sorgen. Mehrere „Schilfrohrjahre"[1] waren bereits vergangen, ohne daß sich etwas ereignet hatte, aber kurz vor 1519, einem neuen „Schilfrohrjahr", gab es Anzeichen dafür, daß schlimme Ereignisse bevorstehen würden. Das Wasser der Seen, die die Stadt Tenochtitlan, das spätere Mexico-City, durchzogen, fing an zu brodeln und überflutete die Straßen der Stadt. Ein Geist wiederholte eine ganze Nacht lang: „Meine Kinder, Untergang und Zerstörung stehen vor unseren Toren." Ein Komet erschien. Ein Beben erschütterte die Erde. All diese Ereignisse, Vorboten dafür, daß sich die Prophezeiung von Quetzalcoatl erfüllen würde, kündigten seine unmittelbar bevorstehende Rückkehr an. Die Magier und Astrologen erwarteten seine Ankunft für den neunten Tag des Windes, d.h. für den 21. April 1519, und Moctezuma zitterte.

Zur gleichen Zeit erwartete in Kuba ein spanischer Edelmann mit Namen Hernán Cortés fieberhaft den Beginn einer Expedition, die ihn zu diesem Land führen sollte, das Christoph Kolumbus einige Jahre zuvor entdeckt

1 Eines der vier Zeichen, die im aztekischen Kalendersystem den Beginn eines Jahres anzeigen.

hatte. Diego Velazquez vertraute ihm die Richtung an, besann sich jedoch gleich eines Besseren. Cortés mißachtete dieses Verbot und lief an der Spitze von elf Schiffen aus, die fünfhundertacht Soldaten, zweiundreißig Armbrustschützen, dreizehn Karabiner, zehn Kanonen, vier kleine Mörser und sechzehn Pferde an Bord hatten.

Am 21. April 1519, einem Karfreitag, landete Cortés in Mexiko.

Geheimboten des Königs, die die Küste überwachten, berichteten Moctezuma, daß ein bärtiger, ganz in Schwarz gekleideter Mann gerade Fuß auf ihr Land gesetzt habe. Er kam aus dem Osten, von dem Meer, wo Quetzalcoatl verschwunden war, unter dem gleichen Kalenderzeichen wie der gestürzte König, war ebenfalls hellhäutig und schwang das Kreuz, Symbol der vier Richtungen, dem Quetzalcoatl zugetan war. Der Monarch war somit von der Rückkehr der Gefiederten Schlange überzeugt. Er versuchte mit allen Mitteln, seinen Thron zu retten und sein Land vor dem prophezeiten Unglück zu bewahren, aber vergebens. Die bewaffneten Auseinandersetzungen, die darauf folgten, bedeuteten den Beginn einer mühsamen und oft blutigen Eroberung.

1521 war der militärisch unterlegene Moctezuma gezwungen, sich dem Willen der Götter zu unterwerfen und überließ den Thron demjenigen, den er für die Gefiederte Schlange hielt. In seiner Begrüßungsrede machte Moctezuma dazu folgende Äußerung:

„Sie werden hier alles finden, was Sie und Ihre Gefolgsleute benötigen werden, da Sie hier zu Hause, in Ihrem Heimatland, sind."

Cortés hütete sich natürlich davor, den König aufzuklären und ließ sich mit Gold und Edelsteinen überhäufen. Er wurde im königlichen Palast untergebracht und erhielt eine Kakaoplantage von mehreren tausend Fuß als Geschenk.

Aufgrund seines Ansehens, das er bei den Azteken genoß, gelang es ihm, die spanische Oberherrschaft durchzusetzen, und er legte seinem Mutterland ein herrliches Reich zu Füßen. Doch die Zerstörung einer hochentwickelten und glanzvollen Zivilisation sowie die unbarmherzige Grausamkeit, die er an den Tag legte, befleckten endgültig seinen Ruhm.

Während die Konquistadoren bei der Eroberung der Neuen Welt gut vorankamen, hielt Schokolade in den spanischen Gemeinden nur allmählich Einzug.

Es stellte sich jedoch nicht sofort eine Begeisterung für dieses Getränk ein, da es die Eingeborenen nämlich auf eine ganz andere Art zubereiteten als heute. Das Rezept bestand damals aus Pfeffer, Gewürznelken, Kampesche[2], Orlean[2] und Zimt. Diese Mischung wurde dann mit Honig oder Maismehl, je nachdem, was man sich leisten konnte, abgeschwächt. Das fertige

2 Pflanzliche Stoffe

Dieser Kupferstich aus dem Jahr 1685 zeigt oben einen Indio mit den Geräten zur Kakao-Zubereitung, unten einen Kakaozweig mit Früchten, dazu Kakaobohnen und zur Verbesserund der *„Speise der Götter"* die beliebte Vanille.

Produkt besaß für einen westlichen Gaumen einen relativ ungewöhnlichen Geschmack. 1565 äußerte sich Benzoni folgendermaßen dazu:

„Diese Mischung ist eher eine Brühe für Schweine als ein Getränk für Menschen!"

Als die Weinvorräte der Spanier erschöpft waren und sie es satt hatten, Wasser zu trinken, fanden sie sich damit ab, Kakao zu sich zu nehmen. Sie vermischten ihn jedoch mit Agavensaft, wie es die Krieger und reichen Mexikaner taten. Dieses Getränk wurde gewöhnlich in gravierten Kokosnußschalen oder in fein gearbeitetem Schildpatt serviert, wobei vergoldete Arabesken als Verzierung dienten.

1571 machte Benzoni, dessen Gaumen sich allmählich an den exotischen Geschmack zu gewöhnen schien, folgende Äußerung:

„Sein Geschmack ist bitter, aber er löscht den Durst und erfrischt den Körper: außerdem steigt er nicht zu Kopf, und das ist sein bester Marktwert, den die Indios zu schätzen wissen."

Später, nach der Entdeckung des Zuckerrohrs, kam man auf die Idee, Zucker unter den Kakao zu mischen, um die Bitterkeit zu überdecken. Ordensschwestern aus Oaxaca verbesserten nochmals seinen Geschmack, indem sie Moschus, Vanille und Orangenblütenwasser zufügten.

Schokolade erlebte somit einen enormen Aufschwung. Die spanischen Frauen, die in Mexiko lebten, waren so darauf versessen, daß sie alle zwei Stunden eine Tasse tranken, ohne die geringste Verzögerung hinzunehmen. Dies ging sogar so weit, daß sie sich während des Gottesdienstes von ihren Dienerinnen Kakao bringen ließen, wenn dieser sich zu lange hinzog. Das Kommen und Gehen der lebhaften Kammerfrauen störte den Gottesdienst so sehr, daß Don Bernard de Salazar, Bischof der Stadt Chiappa, sich gegen dieses Treiben auflehnte und damit drohte, jeden zu exkommunizieren, der während des Gottesdienstes Schokolade zu sich nehmen würde. Die Damen ließen sich das Kakaotrinken jedoch nicht nehmen, was dazu führte, daß Edelmänner sogar in der vollbesetzten Kirche das Schwert gegen Domherren zückten, die es gewagt hatten, die Schokoladenträgerinnen zur Seite zu drängen.

Als der Bischof sich weigerte, nachzugeben, verließen die Gläubigen die Kirche und wohnten lieber den Gottesdiensten in den Klöstern bei, wo die Mönche toleranter waren. Der Bischof, der durch die ständige Leere seines Gotteshauses außer Fassung geriet, beabsichtigte, seine Schafe zurückzuholen, indem er die Exkommunikation auf die Klöster ausdehnte. Daraufhin wurde gegen ihn ein Komplott geschmiedet, und einer seiner Diener wurde

ALTMEXIKANISCHE GEFÄSSE UND GERÄTE

Alte geschnitzte Schokoladenhölzer.
Oaxaca (Mexico).
Im Besitz von Frau Seler-Sachs.

Schokoladentrinkbecher aus einer Fruchtschale, graviert. Höhe 10 cm. Guatemala.
Mus. f. Völkerk., IV Ca 4032.

a

b

a. Schokoladenquirl aus Holz. Länge 28 cm. Oaxaca (Mexico).
Mus. f. Völkerk., IV Ca 25244.

b. Schokoladenquirl aus Holz. Länge 29 cm. Oaxaca (Mexico).
Mus. f. Völkerk., IV Ca 25937.

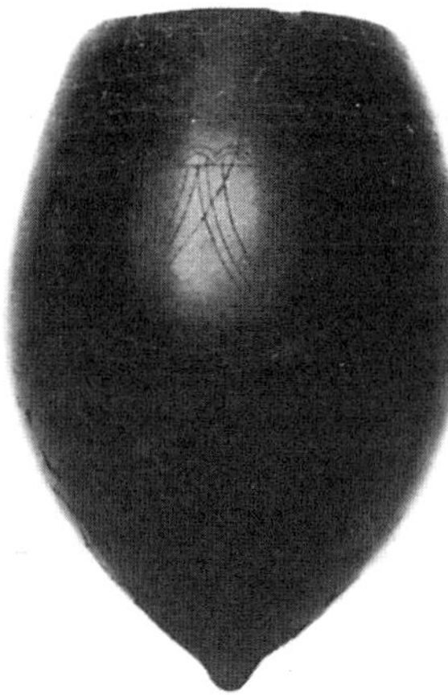

Nachahmung eines Schokoladentrinkbechers (aus einer Fruchtschale) in Ton, graviert. Höhe 13,5 cm. Masaya (Nikaragua).
Mus. f. Völkerk., IV Ca 15206.

Was die mexikanischen Kakaotrinker benötigten ...

gedungen, um seine Schokolade zu vergiften. Er wurde krank und starb kurze Zeit darauf, wodurch diese unlösbaren Streitigkeiten ein Ende nahmen.

Nach alter mexikanischer Tradition wurde Schokolade nicht nur als Getränk, sondern auch wegen ihrer stärkenden Wirkung geschätzt. Die Eingeborenen benutzten sie regelmäßig zur Unterstützung bei Kraftanstrengungen, denn, so dachten sie, „wenn man davon getrunken hat, kann man den ganzen Tag reisen, ohne müde zu werden und braucht nichts anderes zu sich zu nehmen". Moctezuma seinerseits verwendete dieses Getränk als Anregungsmittel, um seine zahlreichen Frauen zu beglücken. Darauf ist wahrscheinlich sein Ruf als Aphrodisiakum zurückzuführen.

Die Azteken hatten die Gewohnheit, ihre Stammesgeschichte schriftlich festzuhalten. In Büchern, sogenannten »Kodizes«, die in Tempeln aufbewahrt wurden, schilderten sie Szenen oder Ereignisse und beschrieben ihre Sitten und Gebräuche. Die Mehrheit dieser Texte wurde nach der Ankunft der Spanier zerstört, die diese „Dokumente voller teuflischer Sprüche, die aus einem Heidentum entstanden sind, wo es Menschenopfer gab" systematisch in Brand steckten. Glücklicherweise gab es bei den Eroberern Chronisten wie Diaz del Castillo oder Pater Bernardino de Sahagún, die gewissenhaft und objektiv die Arbeit von Ethnologen ausführten. „Die allgemeine Geschichte über die Dinge Neu-Spaniens", der Sahagún sein Leben widmete, ist voller Details über das Leben der Azteken.

Man weiß somit, daß die Ärzte zu dieser Zeit vor allem Zauberer waren, deren Wissen sich aus Grundkenntnissen der Religion, Astrologie, Magie und des Empirismus zusammensetzte. Sie übten auch die Funktion eines Priesters aus und waren durch die Deutung von Prophezeiungen als Wahrsager tätig. Sie kannten Arithmetik und konnten mit Heilpflanzen umgehen. So benutzten sie zum Beispiel Kakao zu zahlreichen Heilzwecken: gegen Müdigkeit oder Durchfall, zur Geschmacksverfeinerung von Arzneimitteln für Kinder, zur Herstellung von Spülungen oder auch in Verbindung mit Süßkartoffeln zur Behandlung von Blasenentzündungen. Kakaobutter wurde auch zur Herstellung von Salben für Wunden, Verbrennungen und Hämorrhoiden verwendet.

Als Cortés 1524 einige Kakaobohnen nach Spanien schickte, sah Karl V. darin nur eine botanische Kuriosität. Trotzdem achteten die Konquistadoren lange Zeit darauf, die Herstellung von Schokolade geheimzuhalten und sie nur als fertiges Produkt zu verschicken, als sich dies als besonders lukratives Geschäft herausstellte.

1527 hatte die Schokolade Spanien erobert, aber es war sehr schwierig, sie mehr als zwei Monate in Schiffen aufzubewahren, ohne daß sie Schaden erlitt. Als Cortés 1528 nach Spanien zurückkehrte, brachte er deshalb neben einer Ladung Bohnen und der für die Herstellung von Schokolade notwendigen Ausrüstung die so ängstlich gehütete Rezeptur mit, die folgendermaßen lautete:

- 700 g Kakao
- 750 g weißer Zucker
- 56 g (2 Unzen) Zimt
- 14 Körner mexikanischer Pfeffer
- 14 g Gewürznelken
- 3 Vanilleschoten
- 1 Handvoll Anis
- 1 Haselnuß
- Moschus, grauer Amber und Orangenblütenwasser.

Dennoch dauerte es bis zum Jahre 1580, bis in Spanien die erste Schokoladenfabrik gebaut wurde und die Ladungen Kakaobohnen regelmäßig befördert wurden.

Die Spanier hüteten noch lange Zeit ihr Geheimnis, was daran ersichtlich ist, daß an einem Tag im Jahre 1585, während des spanisch- niederländischen Krieges, ein niederländisches Schiff die gesamte Ladung Kakaobohnen eines eroberten spanischen Schiffes über Bord warf, da man sie für wertlos hielt.

In Spanien war die Nachfrage nach Kakao dennoch so groß, daß erste verfälschte Produkte auftauchten. Die Methoden waren einfach: die Bohnen wurden entweder gewässert, damit sie größer wirkten, oder künstlich rot gefärbt, um eine bessere Qualität vorzutäuschen. Es gab auch Imitationen aus mit Wachs gefüllten Schalen oder zerstampften Avocadokernen.

Mit solchen Schwierigkeiten war der phantastische Aufschwung, den der Kakao zunächst in Spanien, dann in ganz Europa erlebte, behaftet.

KAPITEL II

SCHOKOLADE IN EUROPA VOM 17. BIS 20. JAHRHUNDERT

Schokolade erlangt die Gunst des Hofes

„Das Schokoladenmädchen" von Jean-Etienne Liotard, 1745.
Die Schokolade wurde gleichzeitig
mit einem Glas Wasser serviert.
(Gemäldegalerie, Dresden)

Die inoffizielle Einführung der Schokolade in Frankreich gab - Tradition verpflichtet - zu einer Legende Anlaß, derzufolge ein geheimnisvolles Segelschiff, das von einem Engel gelenkt wurde, in seinem Inneren den himmlischen Kakao verbarg. Der Seraph bot ihn den Bewohnern der Stadt Bayonne an und brachte ihnen auch bei, wie man gute Schokolade herstellte.

In der Realität sah es jedoch ganz anders aus. Nachdem die Juden während der Pogrome aus Spanien vertrieben worden waren, suchten sie in Portugal Zuflucht, das sie bald wieder verlassen mußten, da sie erneut Opfer von Verfolgungen wurden. Daraufhin kamen sie 1609 nach Frankreich in die Gegend von Bayonne und ließen sich dort nieder. Unter ihnen waren zahlreiche Schokoladenhersteller.

Schokolade hielt erst 1615, bei der Hochzeit eines vierzehnjährigen Jungen, Ludwig XIII., mit einer gleichaltrigen Jungfrau, Anna von Österreich, Einzug bei Hofe. Sie war die Tochter von Philipp II. von Spanien und als Ibererin eine große Schokoladenliebhaberin.

Diese Königin, „oberflächlich, kapriziös und unverbesserlich", wie sie von den Chronisten jener Zeit charakterisiert wurde, machte sich bei Hofe und der Pariser Prominenz zur Fürsprecherin der Schokolade.

1630 berichtete der Memoirenschreiber Tallemant des Réaux, daß der Kardinal von Lyon, Alphonse de Richelieu, als einer der ersten von diesem Getränk begeistert war, und Bonaventure d'Argonne fügte hinzu, daß der Kardinal sie zur Funktionsverbesserung der Milz einsetzte, so wie es ihn ein spanischer Mönch gelehrt hatte. Bei seinem jüngeren Bruder, Armand Jean du Plessis Cardinal de Richelieu, Minister des Königs, verhielt es sich so: *„Wenn er müde war, bekam ihm Schokolade am besten"*. Sein Arzt, Dr. Béhérens, bestätigte, daß *„durch den täglichen Genuß seine Gesundheit wiederhergestellt und sein Leben verlängert wird"*. Den Hofleuten folgten bald auch die Adligen und der Genuß von Schokolade wurde allmählich zur festen Lebensgewohnheit des vermögenden französischen Adels, denn es handelte sich immer noch um ein äußerst kostspieliges Produkt. Die hohen Persönlichkeiten des Königreichs ließen für die Zubereitung sogar Spezialisten aus dem Ausland kommen. Einige Namen sind dadurch in die Geschichte eingegangen, wie zum Beispiel More, den Kardinal Mazarin aus Italien kommen ließ, oder Andréa Salvatore, ein weiterer Spezialist, den Marschall Grammont zu sich bestellte.

Als immer mehr Schokolade konsumiert wurde, erhielt David Chaliou, Beamter der Königin, am 28. Mai 1659 in Toulouse offene Briefe von Ludwig XIII., der ihm darin die Erlaubnis erteilte, für eine Dauer von neunundzwanzig Jahren Schokolade in Frankreich zu verkaufen.

Das Parlament schob die Eintragung dieser Briefe mehr als sechs Jahre lang hinaus und reduzierte dieses Privileg auf fünfzehn Jahre. Erst am 6. Februar 1666 konnte sich David Chaliou in Paris niederlassen, um dort sein Gewerbe zu betreiben.

Am 9. Juni 1660 heiratete in der kleinen Stadt Saint-Jean-de-Luz, in der Nähe von Bayonne, Ludwig XIV. Maria Theresia von Österreich. Als Tochter von Philipp V. von Spanien trug die Infantin die Leidenschaft für Schokolade in sich. Ludwig XIV. begann sofort, seine junge Frau wegen neuer Liebschaften zu vernachlässigen und bevorzugte üppige Mahlzeiten mit Wein aus Burgund anstelle von Schokolade, *„dieses Produkt, das den ärgsten Hunger stillt, aber den Magen nicht füllt...“*, das er zutiefst verachtete.

Er versuchte, der Königin seine Abneigung gegenüber diesem Getränk klarzumachen, aber vergebens, Maria Theresia ließ sich weiterhin in aller Heimlichkeit Kakao zubereiten.

Die Verbreitung der Schokolade ging sehr langsam vor sich, der Abbé von Choisy berichtete, daß sie 1664 in der Provinz noch völlig unbekannt war. In Paris blieb dieses Getränk weiterhin etwas Seltenes, und die vornehmen Herren, die nicht darauf verzichten wollten, legten beträchtliche Vorräte an, der Herzog von Albe beispielsweise hatte davon für zwei Jahre auf Lager.

Oben:
Franklin Joseph-Jean: „Der Esel wartet auf Feierabend"
Öl/Hartfaser. 50 x 55,5 cm.
Geb. 1960 in Port-au Prince.
(Sammlung Gustav Hamester.)

Unten:
Marcellus Joseph: „Verkauf der Kakaobohnen"
Öl/Leinwand. 30,5 x 41 cm.
Geb. 1962 in Cap Haitien.
(Sammlung Gustav Hamester.)

1

2

3

4

5

Seite 34:

1 Kakaobaum mit Frucht im Schatten der Wurzeln eines Tropenwaldbaumes.

2 Kakaofrucht

3 Die Blüten wachsen direkt am Stamm.

4 Künstliche Befruchtung der Blüten.

5 Geöffnete Kakaofrucht mit Samen. *

Seite 35:

6 Kakaofrucht

7 Kakaofrucht

8 Kakaofrucht

9 Kakaofrucht

10 Die geöffnete Kakaofrucht. Deutlich erkennbar die von weißem Fruchtfleisch umgebenen Kakaosamen.

11 Kakaobohnen vor der Gährung.

12 Kakaobohnen nach der Gährung.

* © Barry

6

7

8

9

10

11

12

Stadien der Kakaofrucht

Oben:
Nachbildung altmexikanischer Gefäße und Geräte.
Von links: Schokolade-Trinkbecher aus Ton,
Holzgeschnitzte Schokolade-Quirle
und ein hölzernes Rührgerät mit Quirl.

Unten:
Schokoladenkanne aus Silber gegossen und getrieben,
mit fast horizontalem Griff und kunstvoll bemalte Porzellantassen,
um 1740.

Anhänger und Gegner der Schokolade

Madame de Sévigné, die sich stets darum bemühte, mit der Mode zu gehen, war ebenfalls eine leidenschaftliche Anhängerin dieses exotischen Getränks, das einen großen Teil ihres Briefwechsels ausmachte. Am 11. Februar 1671 schrieb sie aus Paris ihrer Tochter, Madame de Grignan, die sich gerade erst nach Aix-en-Provence begeben hatte.

„Aber Ihnen geht es gar nicht gut, Sie haben überhaupt nicht geschlafen: die Schokolade wird Sie wieder auf die Beine bringen. Aber Sie haben gar keine Kakaokanne, ich habe tausendmal daran gedacht: Wie werden Sie das Getränk zubereiten?"

Zwei Monate später änderte die Marquise, die sich immer noch nach dem Zeitgeschmack richtete, jedoch von Grund auf ihre Meinung, wie ihr Brief vom 15. April zeigt:

„Ich möchte Ihnen sagen, mein liebes Kind, daß ich nicht mehr gut auf Schokolade zu sprechen bin, die Mode hat mich, wie immer, dazu verleitet: alle, die gut darüber geredet haben, reden jetzt schlecht darüber. Sie wird verflucht und für alle Leiden, die man verspürt, verantwortlich gemacht, sie ist die Ursache für Hitzewallungen und Herzklopfen; einige Zeit lang tut sie einem gut und dann löst sie plötzlich ein kontinuierliches Fieber aus, das zum Tode führt."

Madame de Grignan antwortete jedoch, daß sie Schokolade immer noch schätzen und sich dabei auch sehr wohl fühlen würde.

Madame de Grignan, die schwanger war, nahm weiterhin Schokolade zu sich. Die Marquise de Sévigné, die darüber beunruhigt war, schrieb ihr somit am 23. Oktober:

„Die Marquise de Coetlogon nahm während ihrer Schwangerschaft im letzten Jahr so viel Schokolade zu sich, daß sie von einem kleinen Jungen entbunden wurde, der schwarz wie der Teufel war und später starb."

Durch die Worte ihrer Tochter schließlich in ihrer Überzeugung erschüttert, unternahm die Marquise, die im Grunde ein heftiges Verlangen nach Schokolade verspürte, nochmals einen Versuch, über den sie in ihrem Brief vom 28. Oktober ausführlich berichtete:

„Ich wollte den Streit um Schokolade beilegen; ich habe vorgestern zur Verdauung meines Mittagessens welche zu mir genommen, um gut zu Abend essen zu können, und ich habe mich gestern damit ernährt, um bis heute abend zu fasten. Sie hat die von mir gewünschte Wirkung hervorgerufen, das ist das Angenehme daran, daß sie so wirkt wie beabsichtigt".

Im Dezember wurde ihre Tochter von einem Jungen entbunden, der einige gesundheitliche Probleme hatte. Die Marquise nahm somit ihre Offensive gegen Schokolade wieder auf und schrieb am 18. Dezember:

„Wegen Ihrem Sohn und dem Zustand, in dem er sich befunden hat, lege ich den Streit um Schokolade nicht bei; ich bin davon überzeugt, daß er Schaden genommen hat, und es ist ein großes Glück, daß er geheilt worden ist und es ihm gut geht, er ist also gerettet!"

Da das Kind Fieber und Pocken bekommen hatte, schrieb sie erneut sorgenvoll in einem Brief vom 23. Dezember:

„Mein Gott, woher kommt diese extreme Hitze in dem kleinen Körper? Hat man Sie nicht über Schokolade aufgeklärt? Darüber bin ich überhaupt nicht erfreut."

Aus Liebe zu ihrem Sohn schloß sich Madame de Grignan der Ansicht ihrer Mutter an und verabscheute Schokolade. Kurze Zeit darauf riet Madame de Sévigné, die immer noch mit der Mode ging, ihrer Tochter in einem Brief vom 15. Januar 1672:

„Nehmen Sie Schokolade zu sich, damit Ihnen die schlimmste Gesellschaft angenehm vorkommt..."

Danach dauerte es bis zum Jahre 1675, bis die Marquise das Problem mit der Schokolade wieder aufgriff, und am 13. November jenen Jahres wandte sie sich mit folgenden spöttischen Worten an ihre Tochter:

„Meine Tochter, wenn ich daran denke, wie Sie Schokolade gemocht haben, weiß ich nicht, ob ich nicht um Sie zittern soll... Sie verursachte bei Ihnen Herzklopfen: darf man auf so viel Glück stolz sein? Sie sollten eine derartige Unbeständigkeit vor mir verbergen."

Dieser lebhafte Briefwechsel zeigt deutlich die Schwankungen, denen Schokolade in der vornehmen Gesellschaft ausgesetzt war, sowie das Interesse, das sie hervorrief.

Das Kontrollrecht des Staates

Kakaokanne und Milchkännchen, Silber, getrieben und gegossen, Oldenburg in Oldg., um 1760, von Samuel Matthias Neudorf d. Ä. (Altonaer Museum, Hamburg)

Die Versorgung mit Kakao gestaltete sich aufgrund unsicherer Transportbedingungen jedoch weiterhin sehr schwierig.

So war dem Korsaren Jean Bart 1676 das Glück hold, als er ein niederländisches Schiff überfiel, das von Curacao nach Amsterdam unterwegs war. Er bemächtigte sich der Ladung von eintausenddreihundert Pfund Kakao, die ihm ein Vermögen garantierte. Erst im Oktober 1679 kamen die ersten Säcke Bohnen von den französischen Antillen in Brest an.

Zu Beginn wurde in Frankreich auf Schokolade aufgrund des geringen Verkaufs keine Steuer erhoben. Nachdem jedoch immer mehr Ware angeliefert und dieser Luxusartikel allmählich zu einem annehmbaren Preis verkauft wurde, warf der Staat einen begierigen Blick auf dieses Geschäft. Als 1681 das Privileg von Chaliou auslief, nahm der Fiskus sofort den Kakaohandel in Besitz und sicherte sich das Monopol.

1682 war im Mercure Galant zu lesen, daß durch den Einfluß von Madame de Maintenon, der der König nichts abschlagen konnte, am Hofe zu Festtagen Schokolade gereicht wurde. Außerdem erklärte Dr. Bachot, bedeutender praktizierender Arzt der medizinischen Fakultät, 1684, daß es als „wohlschmeckendes Getränk, [...] aufgrund seiner so edlen Zubereitung, mehr als Nektar und Ambrosia, die wahre Speise der Götter ist".

Welchen besseren Platz gibt es demnach für dieses göttliche Getränk als die Residenz desjenigen, der dazu bestimmt wurde, durch Gottes Gnaden auf Erden zu regieren.

Alsbald war eine Zunahme des Schokoladenkonsums zu verzeichnen. Neben der Schokolade als Getränk wurde sie inzwischen auch als Bonbons oder Tafeln angeboten.

Dann begann man damit, Kakaokannen anzubieten. Auf der Durchreise in Versailles machte der Botschafter von Siam Ludwig XIV. eine Kakaokanne aus Silber zum Geschenk, und bei einer Lotterie, die 1689 in Saint-Cloud von dem Herzog von Orléans organisiert wurde, gewann Madame de Méré eine Kakaokanne aus Porzellan und eine aus Silber, sieben Stangen Schokolade und eine Dose Tee. 1691 wurden in einer Pariser Zeitung die Vorzüge tragbarer Kakaokannen dargelegt, die in die Tasche gesteckt werden konnten und mit einem kleinen Kocher, einem Feuerzeug, Brennspiritus, Tassen, Untertassen, Löffeln und sogar mit Kakao und Zucker für drei Tassen Schokolade ausgestattet waren.

Als in Versailles und in Marly die Feste überhandnahmen, beschloß der König aus Sparsamkeitsgründen, keine Schokolade mehr servieren zu lassen.

Am 22. Januar 1692 verkündete Ludwig XIV. in Versailles ein Edikt über die Erhebung von Abgaben auf Schokolade. Der Text wurde am 26. Februar 1692 vom Parlament ratifiziert:

„Schokolade ist in allen Provinzen unseres Königreichs so bekannt geworden, daß unsere Abgaben dadurch beträchtliche Einbußen erleiden. Da wir unseren Untertanen dieses Getränk trotzdem nicht vorenthalten möchten, da es die meisten als nützlich für die Gesundheit erachten, beabsichtigen wir, im Hinblick auf den gegenwärtigen Krieg eine gewisse finanzielle Unterstützung daraus zu ziehen, um uns schadlos zu halten..."

Kakao wurde also besteuert, um den Krieg zu finanzieren!

Francois Dumaine wurde für sechs Jahre ein neues Privileg eingeräumt, aber Anfang Mai 1693 bat er aufgrund der hohen angefallenen Kosten darum, davon befreit zu werden. Schokolade wurde somit wieder frei gehandelt und zur gleichen Zeit gründete Ludwig XIV. die Gilde der Limonadenhändler, ohne auf eine mengenmäßige Beschränkung zu achten. Daraufhin nahm die Anzahl der Einrichtungen, in denen Schokolade verkauft wurde, sowohl in Paris als auch in der Provinz zu.

Durch die starke Vermehrung der Limonadenhändler entstand eine derartige Konkurrenz, daß Ludwig XIV., der sich bewußt wurde, daß er einen Fehler begangen hatte, im Dezember 1704 ihre Zahl auf einhundertfünfzig verringerte. Er bot ihnen gegen Entgelt ein erbliches Privileg an, was indirekt dazu beitrug, die Einnahmen des Staates zu erhöhen.

Im darauffolgenden Jahr bot Ninon de Lenclos dem jungen Voltaire seine erste Tasse Schokolade an, die ihm sehr mundete. Lister, ein englischer Reisender, brachte dagegen seine Skepsis bezüglich des von diesem Getränk hervorgerufenen Interesses zum Ausdruck und erklärte, daß wenn der Genuß von Schokolade zu den Gewohnheiten der armen hungernden Indios gezählt hatte, nur verschwenderischer Luxus die Franzosen, die so viele Qualitätsweine ihr eigen nannten, dazu gebracht haben konnte, von den armseligen Ersatzprodukten dieser mittellosen Volksstämme Gebrauch zu machen.

1710 prangerte Dr. Hecquet, Dekan der medizinischen Fakultät von Paris, heftig den Snobismus an, der dazu geführt hatte, die Begeisterung für dieses fremdländische Getränk zu vertiefen, dessen Genuß für die hiesigen klimatischen Verhältnisse bestimmt ungeeignet, wenn nicht sogar gefährlich sei. Er war jedoch gezwungen, den eindeutigen Erfolg der Schokolade anzuerkennen und gab zu, daß über die Bezeichnung „Königin der Getränke" oder „Getränk der Götter" Einmütigkeit herrschte, und dies zum Nachteil von Wein.

1715, nach dem Tod von Ludwig XIV., regierte Philipp von Orléans das Königreich, solange Ludwig XV. minderjährig war. Der Regent hatte die Gewohnheit, jeden Morgen eine Tasse Schokolade zu trinken, um sich von seinen Exzessen zu erholen und sich zu stärken. Ein Chronist berichtete in diesem Zusammenhang:

„Nachdem der Regent aufgestanden war, öffnete der Türsteher die Geheimtreppe und Seine königliche Hoheit nahm seine Schokolade in einem Raum zu sich, wo man hinkam, um um seine Gunst zu werben. Es war eine Ehre, dieser Trinkgewohnheit Seiner königlichen Hoheit beiwohnen zu dürfen.“

1717 kam man überein, die Abgaben auf Kakao zu senken, um für die französische Kakaoproduktion der Antillen ein gewisses Schutzzollsystem einzuführen. 1722 machte Jean-Baptiste Labat in „Neue Reise zu den Inseln Amerikas“ folgende Bemerkung:

„Schokolade wird verwendet, um daraus kleine Tafeln, Bonbons und eine Art Konfitüre, auf die eingelegte Piniennüsse gelegt werden, zu machen. Es wäre zu wünschen, daß sich dieses köstliche Produkt in Frankreich durchsetzt, wie es bereits in Spanien und in ganz Amerika der Fall ist.“

1735 gab der Schwede Carl von Linné in einer Abhandlung über Botanik dem Kakaobaum die wissenschaftliche Bezeichnung „Theobroma“, was „Götterspeise“ bedeutet (aus dem griechischen theos = Gott und broma = Speise).

Der Preußenkönig Friedrich II., „Friedrich der Große“ (1712-1786), verbot aus wirtschaftlichen Erwägungen den Import von Kakao und Schokolade; das Produkt sei für die doch noch viel Not leidende Bevölkerung zu teuer. Majestät persönlich allerdings trank gern Kakao, verschenkte sogar Schokoladentafeln an Persönlichkeiten, die er auszeichnen wollte. Auch der zeitweise an seinem Hof lebende französische Schriftsteller, Philosoph und Historiker Voltaire (1694–1778) trank wie Goethe und Schiller viel Kakao zu seiner Stärkung. Friedrich II veranlaßte sogar den Chemiker Andreas Sigismund Marggraf, für Kakao und Kaffee ein Ersatzgetränk zu schaffen. Lindenblütentee wurde vergebens nachdrücklichst empfohlen. Mit dem „Lindenblüten-Kakao“ hatte er jedenfalls keinen Erfolg. So kam es z. B. in Ostfriesland zu einem „Teekrieg“. Friedrich II. konnte demnach ebenso wenig wie andere Fürsten und Geistliche verhindern, daß Kakao als Genußmittel im Laufe der Jahre aus keinem Haushalt mehr wegzudenken war.

Das Hohelied der Schokolade

„Die Gesellschaft: Schokolade wird gereicht".
Lithographie aus den „Düsseldorfer Monatsheften", 1855, signiert H. R.

Die „Kampfzeit“ des Kakaos und der Schokolade war vorüber. Vielleicht darf behauptet werden, daß ihr „Siegeszug“ Frauen zu verdanken ist – jedenfalls in Europa. Den Königinnen folgten die Bürgerinnen – und schließlich obendrein die Dichter.

Auch während der „Campagne in Frankreich" trank Goethe, wie auf allen seinen Reisen, Kakao.
Eine seiner Schokoladentassen (KPM, Berlin) trug die Inschrift: „Erinnerung an Bar-le Duc 1817 u. 1818".

Johann Wolfgang Goethe (1749 – 1832) liebte Kakao und Schokolade sehr, während er Kaffee nicht besonders goutierte. Es ist anzunehmen, daß ihm diese süße Vorliebe von seiner Mutter, Frau Aja, vererbt worden war. Frau Rat Goethe schickte Goethes Geliebter Vulpius, die der Dichter später ehelichte, eine wertvolle Schokoladentasse, damit sie das Getränk noch vollendeter genießen konnte. Die beiden Frauen korrespondierten über Schokolade – als gäbe es nichts Wichtigeres auf der Welt.

Nur eine Freundin, Frau Charlotte von Stein, konnte Goethe nicht für die Schokolade begeistern. sie blieb dem Kaffee treu, schenkte dem Dichter aber trotzdem Schokolade.

Goethe, ein Frühaufsteher, „winkte als erster Tagesgenuß die geliebte Trinkschokolade“ (Kittel). Der Dichter legte Wert darauf, daß die Schokolade „allerhöchste Qualität“ habe.

Er hatte sein eigenes Schokoladen-Porzellan, das er selbst auf Reisen mit sich führte; entsprechend hatte er stets Kakao und Schokoladen-Tafeln im Gepäck, auch während der „Campagne in Frankreich“. Goethe freute sich, *„daß wir in einem Lande wallfahren, wo Geist und Süßigkeiten niemals ausgehen dürfen“*. Er bekannte: *„Wer eine Tasse Schokolade getrunken hat, der hält einen ganzen Tag auf der Reise aus. Ich tue es immer, seit Herr von Humboldt es mir geraten hat.“*

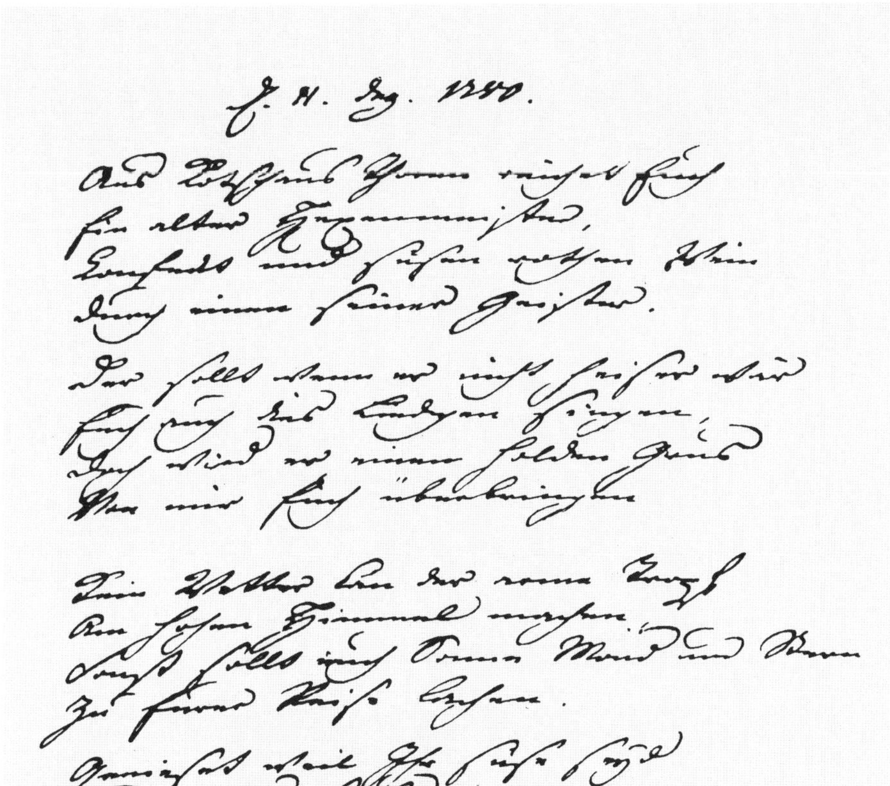
d. 11. Dez. 1780.

G.

Am 11. Dezember 1780 schrieb Goethe dieses Gedicht an Frau von Stein.
In der vierten Strophe heißt es: *„Genießet, weil Ihr süße seid, auch etwas Süßes gerne."*

Goethe war als Kakao- und Schokoladen-Freund weithin bekannt. Zu seinem 77. Geburtstag wurde er von Hofmaler Ludwig Sebbers (1804–1843) auf einer Kakaotasse der Braunschweiger Manufaktur Fürstenberg abgebildet.

Wenn Goethe in Weimar zum Essen einlud, wurde häufig als einziges Getränk heiße Schokolade serviert. Der Schauspieler und Dramatiker August Wilhelm Iffland sowie der vielseitige Gelehrte Johann Gottfried Herder und der Dichter Christoph Martin Wieland haben es bezeugt.

1826 bildete der Weimarer Hofmaler Ludwig Sebbers den damals 77jährigen Goethe auf einer Schokoladentasse der Manufaktur Fürstenberg ab.

1823 war der 74jährige Goethe in Marienbad zur Kur und verliebte sich in die 19jährige Ulrike von Levetzow. Eine Episode hat das schöne Fräulein erzählt: *„Ein anderes Mal rief Goethe uns zu sich, wo er auf einer langen Tafel alle Steingattungen, welche sich in der Gegend von Marienbad finden, geordnet hatte. Er führte mich zu einer Stelle, wo er zwischen den Steinen ein Pfund Wiener Schokolade gelegt hatte, worauf geschrieben stand:*

Genieße dies nach eigener Weise
Wohl nicht als Trank, doch als geliebte Speise."

Goethe verschenkte häufig Schokolade. Manchmal legte er „Gebrauchslyrik" bei, liebenswert harmlose Verse – wie:

Gewogen schienst du mir zu sein,
du lächeltest der kleinsten Gabe;
und wenn ich deine Gunst nur habe,
so ist kein Täfelchen zu klein.

In Weimar, nicht weit von Goethes Haus am Frauenplan, wohnte Friedrich von Schiller (1759–1805), der nicht nur ein Dichter, sondern auch Historiker war. Als Nachtarbeiter schlief er meist bis zum Mittag. Schillers erste Kost war nach dem Erwachen: eine Tasse Schokolade, manchmal mit einem Zusatz Wein. Wenn Schiller des Nachts arbeitete, hielt er sich mit selbst zubereiteter Trinkschokolade munter.

Wie Goethe liebte Schiller dieses Getränk so sehr, daß er es in einem Drama erwähnte, nähmlich in „Die Verschwörung des Fiesko zu Genua". Er läßt die Gräfin Julia sagen: *„Eh' die Schokolade gemacht ist, Madame, unterhalten Sie mich."* Schillers Begeisterung für Schokolade verführte ihn zu einem Fehler, den ihm einige Historiker angekreidet haben; denn in der Zeit, in der „Fiesco" handelt (1547), gab es vor Ort noch keine Schokolade. Das kann also selbst einem historisch gebildeten Dichter widerfahren, wenn er von etwas zu sehr begeistert ist.

Der deutsche Poet Ludwig Hölty (1748–1776), zum „Göttinger Dichterbund" gehörig, reimte in einem Gedicht, um sich seinerseits zu dem neuen Getränk zu bekennen:

Sie tranken, wenn der Tag begann,
Bald Tee, bald Schokolade.

Der Dichter Gottfried August Bürger (1747–1794) trank in einem Göttinger Gasthof mit Damen die Morgenschokolade und reimte so rührend unbekümmert, wie man das damals noch durfte, ohne von der sogenannten „Literaturkritik“ gleich zum Beelzebub gejagt zu werden:

Zeus wälzt im Bette sich,
nachdem er lang gelegen,
wie Potentaten pflegten,
und fluchte mörderlich:
‚Schon trommelt's zur Parade.
Wo bleibt die Schokolade?‘
Gleich bringt sie ein Lakai;
bringt Schlafrock, Toffeln, Hose,
schleppt Pfeife, Knasterdose
nebst Fidibus herbei.
Denn morgens ging kein Mädchen
gern in sein Kabinettchen.

Venedig galt als das „Dorado der Schokoladentrinker“. Hier gab es die ersten Schokoladen-Stuben. Bei fast jeder Geselligkeit wurde das köstliche Getränk serviert. Pietro Longhi (1702–1785) hat solcherlei Szenen zum Entzücken aller Kunstfreunde wiederholt gemalt. Carlo Goldoni (1707–1793) läßt den Chor in seinem Melodrama „La Conversatione“ singen:

Es lebe die Schokolade
und der, der sie erfunden hat.

Ein großer Schriftsteller unseres Jahrhunderts war nicht weniger von dieser Süßigkeit begeister: Thomas Mann (1875–1955). In seinen faszinierenden Tagebüchern liest man immer wieder über die Freude an von Frau Katja, seiner Gattin, serviertem Kakao und als Geschenk erhaltener Schokolade.

Ein Handel mit glänzender Zukunft

Nürnberger Kupferstich aus dem Jahr 1648,
die ersten Anfänge der Schokoladenherstellung in Deutschland.

Als der Konsum von Schokolade immer mehr zunahm, wurde eine Produktionssteigerung unumgänglich. Doch die Arbeiter in den Schokoladenfabriken erbrachten aufgrund ermüdender und vor allem unpassender Arbeitsbedingungen eine schwache Leistung. So mußten sie zum Beispiel zum Zerkleinern der Bohnen niederknien und eine Walze über einen schrägen, erwärmten Stein rollen lassen. Diese Arbeitsbedingungen waren besonders hart und wenig einträglich. Die Stellung, die die Arbeiter einnehmen mußten, raubte ihnen einen Teil ihrer Kraft und ruinierte in kurzer Zeit ihre Gesundheit, so daß nur wenig Berufe so gefährlich und zerstörerisch waren wie dieser.

Diese schwierigen Bedingungen boten den Erfindern Gelegenheit, ihr Talent unter Beweis zu stellen. So erfand Buisson 1732 einen hohen, horizontalen Tisch, der mit Holzkohle erwärmt wurde und den Arbeitern ermöglichte, im Stehen zu arbeiten. Die Produktion erreichte sechs Kilo Schokolade pro Arbeiter und Tag, was d'Aussy zu den Worten veranlaßte, daß die durch die Erfindung von Buisson erzielte Verbesserung als ein Dienst an der Menschheit betrachtet werden müsse, da sie dazu beitrage, Menschenleben zu schützen.

Die zunehmende Verbreitung der Schokolade und die Produktionssteigerung waren der Qualität jedoch nicht förderlich, ein Problem, das Savary

Ein Wiener Stich aus der Folge „Schauplatz der Natur und Künste" zeigt die Schokoladenherstellung am Ende des 18. Jahrhunderts.

1740 zur Sprache brachte, als er feststellte, daß in Paris die schlechteste Schokolade hergestellt wurde. Dies lag daran, daß die Waren, um die besten Preise zu erzielen, bei Straßenverkäufern gekauft wurden, die Produkte aus Marzipan mittelmäßiger Qualität, das mit einigen Resten Kakao, Vanille oder einfachen Rohzuckers vermischt wurde, als Schokolade verkauften.

Um sich von anderen Fabriken zu unterscheiden und seine Produktion hervorzuheben, ließ Renaud in ganz Paris ein Lied verbreiten, das die Qualität seiner Schokolade rühmte.

1743 begann die Herrschaft von Ludwig XV., den der Herzog von Bourbon 1725 mit Maria Leszczynska vermählen ließ. Sie war keine Spanierin, schwärmte jedoch für Schokolade. Der König nahm nur in der Fastenzeit welche zu sich. Die Verführer jener Zeit, mit Casanova an der Spitze, führten sich dieses Getränk häufig zu Gemüte. Dies galt auch für die Lieblingsmätressen des Königs. Madame de Pompadour, die der König trotz ihrer großen Schönheit für „kalt wie eine Hundeschnauze" hielt, nahm, wahrscheinlich, um in Stimmung zu kommen, eine dreifache Schokolade mit Vanille und Amberduft zu sich, die sie sich mit einer Handvoll Trüffel und einer Selleriesuppe zum Frühstück servieren ließ. Zu diesem Zweck bestellte sie sogar in der Manufaktur von Sèvres, die von ihrem Bruder geleitet wurde, ein Porzellanservice aus China.

Zu dieser Zeit hatte man in Frankreich die Gewohnheit, Gewürze wie Vanille oder Zimt hineinzutun. Während des Kochens wurde Zucker hinzugefügt und die Schokolade entweder in Wasser oder in Kuh- oder Mandelmilch angerührt. Die Engländer bevorzugten stattdessen häufig Madeira und fügten ein Eigelb zu.

1748 hatte sich das Rezept der spanischen Schokolade kaum geändert. Es bestand aus:

- 100 Kakaobohnen
- 2 Körner mexikanischer Pfeffer
- 1 Handvoll Anis
- 6 gemahlene blasse Rosen
- 1 Schote Kampesche
- 2 Drachmen (ca. 8 g) Zimt
- 12 Mandeln
- 12 Haselnüsse
- Moschus nach Belieben
- Vanille nach Belieben
- etwas Orlean
- während des Kochens Zugabe von Zucker

Außerdem wirkte sich der alltägliche Genuß von Schokolade in gewisser Weise auf die gesellschaftlichen Umgangsformen aus. In der Broschüre mit dem Titel „Notwendige Regeln für die rechtschaffene adlige Jugend" wurde folgendes gelehrt:

„Ein Edelmann muß immer zwei weiße Taschentücher mit sich führen, eins zum Schälen von Obst und eins zum Bedienen seiner Dame, wenn sie Sorbet, Kaffee oder Schokolade bestellt."

1765 wurde auf Geheiß des Fürsten Wilhelm von Schaumburg-Lippe in Steinhude bei Hannover eine deutsche Schokoladenfabrik eingerichtet. Der Fürst ließ portugiesische Facharbeiter kommen, um mit seiner deutschen Schokolade mit der gut eingeführten ausländischen Konkurrenz wetteifern zu können. Aber sie war nicht – wie es in einigen Schriften heißt – die erste deutsche Fabrik. Zu dieser Zeit gab es laut dem „Handbuch der Kakaoerzeugnisse" schon einige andere „Betriebe gleicher Größe...1781 gab es allein in München 6 ‚Schokoladenfabriken' ". Vergessen wir darüber nicht, daß die ersten Schokoladenfabriken bereits im 17. Jahrhundert in Spanien eröffnet worden waren.

In England wurde 1728 die erste Schokoladenfabrik etabliert, während die erste französische Schokoladenfabrik 1760 in Betrieb genommen worden ist.

Neue fortschrittliche Techniken wurden entwickelt. 1778 erfand Doret die erste hydraulische Maschine, die die Kakaomasse zerkleinerte und mit Zukker vermischte. Die medizinische Fakultät von Paris bestimmte Experten, die das Verfahren untersuchten und erklärten, daß die nach der neuen Methode hergestellte Schokolade genauso auf der Zunge zergehe wie weiche Zuckermasse, nach dem Trinken überhaupt keine Rückstände blieben und sie absolut verdaulich sei. Der Erfinder erhielt vom Staat eine Gratifikation sowie die Erlaubnis, seiner Fabrik den Namen „Königliche Fabrik" zu geben.

1774 wurde Ludwig XVI. König; welche Getränke er bevorzugte, ist kaum bekannt. Marie Antoinette dagegen, die wie ihre Vorgängerinnen eine besondere Vorliebe für Schokolade empfand, gründete das Amt des „Schokoladenfabrikanten der Königin" und übertrug es dem Chevalier von Saint-Louis, der sofort darum beneidet wurde, denn dies war, wie es hieß, eine sehr lukrative Aufgabe.

Gewürzhändler, Drogisten und Apotheker erfanden verschiedene Arten von Gesundheitsschokolade und priesen ihre Produkte auf Plakaten oder in Zeitungen an. 1776 erschien im Mercure de France folgende Anzeige:

„Unter dem Gesichtspunkt, daß der Genuß von Schokolade alltäglich wird, sowohl für die Gesundheit als auch als Sinnenfreude, sorgt Herr Roussel,

Ein junger Kavalier genießt mit seiner
Angebeteten frisch zubereitete „Chocolat",
Stich von Bonnart, um 1710.

Gewürzhändler, aufgrund von Bekundungen und Beifallsäußerungen mehrerer Personen, für die Güte seiner Waren und teilt der Allgemeinheit mit, daß er auf jedes Schokoladenbrot, das seine Fabrik verläßt, seinen Namen und seine Anschrift stempeln wird. Der Preis für Gesundheitsschokolade bester Qualität beträgt 3 Pfund mit einer halben Vanillestange, 4 Pfund mit einer ganzen und 5 Pfund mit zwei Vanillestangen."

Der Almanach Dauphin verkündete 1777, daß sich ein Spanier, Herr Fernandez, den Titel „Schokoladenfabrikant der Madame la Dauphine und der restlichen Angehörigen des Hofes" zugelegt hatte.

1780 wurde Debeauve das Amt des Schokoladenfabrikanten der Königin übertragen, und sein Berufsgenosse Duthu, ein erstklassiger Apotheker, ließ sich in der Rue Saint-Denis nieder, wo er mit sechs gewissenhaften und robusten Arbeitern 25 bis 30 Pfund Schokolade pro Tag herstellte, die zu einem Preis von 6 bis 8 Francs pro Pfund verkauft wurden. Er behauptete, daß diejenigen, die keinen Silbertopf besaßen, um darin die Schokolade mit Wasser zu vermischen und keinen Silberlöffel zum Umrühren, seiner Schokolade nicht würdig seien.

Der Gewürzhändler Basselard, Schokoladenfabrikant des Herzogs von Luynes, erhielt am 20. November 1781 ein Zertifikat der Königlichen Medizinischen Gesellschaft, das die ausgezeichnete Qualität seiner Schokolade bestätigte. Er ließ sofort Plakate mit folgender Anzeige anbringen:

„Die Personen, die Schokolade zu sich nehmen, sei es zur Ernährung oder aus Vorliebe, können restlos zufrieden sein, wenn sie sich an Herrn Basselard wenden, Gewürzhändler und Schokoladenfabrikant Seiner Durchlaucht Herzog von Luynes. Es dürfte schwierig sein, Schokolade zu finden, die eine feinere Konsistenz und einen köstlicheren Geschmack und Duft aufweist."

Dieses Getränk war jedoch immer noch einer kleinen Minderheit von Adligen und reichen Bürgern vorbehalten. Das Volk gab sich damit zufrieden, davon zu träumen. Da Ponte, Textdichter von Mozart, ließ somit Despina, die Kammerfrau, in der Oper „Cosi fan tutte" sagen:

„Welch schauderhaftes Leben führt man als Kammermädchen;
Vom Morgen bis Abend läuft man,
man plagt sich, man bemüht sich,
und dann ist alles, was man tut, doch nur für andere.
Eine Stunde schon wart' ich mit dem fertigen Frühstück,
und ich genieße von ihrer Schokolade nur die Düfte.
Schmeckt sie mir nicht so gut wie meiner Herrschaft?
Ja gewiß, schöne Damen,
für Sie ist das Trinken, für mich das Zusehen.
Ei was, ich will kosten: wie vortrefflich!"

Schokolade im Mittelpunkt von Streitigkeiten innerhalb der Kirche

„Indicum chocolata nectar" (Schokolade ist der Nektar der Indios).
Titelbild einer Schrift über Schokoladengenuß der Geistlichen zur Fastenzeit, Neapel 1671.

Ist Schokolade ein Getränk oder eine Speise? Diese Frage, die auf den ersten Blick recht belanglos erscheint, war jedoch Mittelpunkt einer Diskussion, die die Kirche fast einhundertfünfzig Jahre lang gespalten hat.

Es begann damit, daß 1523 ein Jesuite, Pater Petrus Martyre de Angleria, dem Papst Clemens VII. einen Bericht mit dem Titel „Ô felicem monetam" zukommen ließ, in dem er behauptete:

„Schokolade ist nicht nur ein nützliches und köstliches Getränk, sondern die Kakaobohnen, die zudem als Zahlungsmittel dienen, lassen auch keinen Geiz zu, da sie nicht lange aufbewahrt werden können!"

Dieses Getränk, das obendrein keinen Rausch hervorrief, vereinte sämtliche Vorzüge in sich, um einen guten Ruf zu genießen.

Doch Schokolade geriet in Mißkredit, als sich die Angelegenheit mit dem Bischof von Chiapas zutrug. Wie kann ein derartiges Getränk, dessen Konsum dazu führte, die Autorität eines Prälaten lächerlich zu machen und ein Verbrechen zu begehen, nur Vorzüge besitzen? Zumal die spanischen Frauen, die in Mexiko lebten, sich Schokolade normalerweise dadurch besorgten, daß sie mit Indios zusammentrafen, von denen vermutet wurde, daß sie mit dem Teufel im Bunde stehen.

Eine These, die die Zustimmung von Marradon fand, der noch hinzufügte, daß allein zur Beschaffung dieses Produktes zahlreiche Verbrechen, sogar Morde, begangen wurden und aus diesem einfachen Grund der Genuß von Schokolade für immer verboten werden sollte. Außerdem war er der Ansicht, daß diese Substanz lasterhaft mache, und Juan de Cardenas ging sogar noch weiter und sprach von der Sünde des Fleisches.

Die Kirche hätte sich darauf beschränken können, diese gefährliche Tendenz zu verurteilen, wenn Juan de Cardenas nicht entschieden behauptet hätte, daß Schokolade die Fastenzeit verletzen würde. Durch diese Meinungsäußerung verlagerte sich die Auseinandersetzung auf eine dogmatische Ebene, insofern als nunmehr sogar die Grundlagen der Christenheit erschüttert wurden.

Dieser Kontroverse hätte schnell Einhalt geboten werden können, nachdem Papst Pius V. auf der Grundlage der Doktrin des Heiligen Thomas bestimmt hatte, daß Getränke die Fastenzeit nicht verletzen würden. Doch die wirkliche Beschaffenheit der Schokolade mußte noch geklärt werden: Speise oder Getränk, darin bestand das Problem.

Durch die Veröffentlichung einer Broschüre, die großes Aufsehen erregte, ließ Franciscus Rausch 1624 in Wien die Diskussion wiederaufleben. Darin behauptete er, daß Schokolade die Fastenzeit verletzen würde und für die Exzesse in den Klostern verantwortlich sei, und zog daraus ganz einfach den Schluß, „daß den Mönchen der Genuß dieses Getränks verboten werden

Das Titelbild des Buches „Chocolata India"
Opusculum de Qualitate et natura Chocolatae
authore Antonio Colmenero de Ledesma" (Nürnberg 1644)
stellt sinnbildlich die Kakaoausfuhr von Amerika nach Europa dar.

sollte". Die Mönche, die sich in der Zubereitung von Schokolade hervortaten und die Rezepte ständig verbesserten, auf diese Weise in die Angelegenheit hineinzuziehen, drohte die Ausbreitung der Schokolade in großem Maße zu beeinträchtigen.

Doch 1636 zeigte Pinelo in „Question morale pour savoir si le chocolat rompt le jeûne ecclésiastique" anhand wissenschaftlicher Arbeiten auf, daß dem nicht so war.

1658 veröffentlichte Gaspar Caldera de Heredia ein Werk, dessen Titel „Tribunal médical, magique et politique" noch den üblen Beigeschmack der Inquisition hatte. In diesem Buch versuchte er zu beweisen, daß Schokolade sehr wohl eine Speise sei, die als solche zweifellos die Fastenzeit verletze.

Im gleichen Jahr stellte Hochwürden Pater Escobar, dessen „Metaphysik genauso subtil war wie seine Moral umgänglich", das Postulat auf, daß eine Flüssigkeit keine Fastenzeit verletze: „Liquidum non frangit jejunum" und bestätigte seinen Schäflein, daß mit Wasser zubereitete Schokolade in keiner Weise gegen die theologischen Prinzipien verstoßen würde.

Madame des Ursins, Vertraute von Philipp V., König von Spanien, schrieb an Madame de Maintenon, um sie darüber zu informieren, und so wurde am französischen Hof die Fastenzeit stets gewissenhaft und pietätvoll eingehalten, indem man mehrmals am Tag mit Wasser zubereitete Schokolade zu sich nahm.

Stubbe, der darüber aufgebracht war, erwiderte 1662 in „Le nectar indien", daß Schokolade sehr wohl eine Speise sei, *„denn man erhält mehr ölige und* *nahrhafte Flüssigkeit aus einer Unze Kakao als aus einem Pfund Rind- oder Hammelfleisch".* 1664 beteiligte sich Kardinal Francesco Marie Brancaccio an der Auseinandersetzung und veröffentlichte als Reaktion auf Gaspar Caldera de Heredia „Une diatribe sur une boisson: le chocolat", worin er behauptete, daß Schokolade, wie Wein oder Bier, sehr wohl ein Getränk sei, das trotz seiner nährstoffreichen Eigenschaft nicht mit einer Speise gleichgesetzt werden könne und demzufolge die Fastenzeit in keiner Weise verletze. Vor dieser kanonischen Subtilität bar jeder Argumentation und vor allem vor der Autorität des Kardinals kapitulierte Caldera de Heredia, ohne deswegen seine Überzeugung zu verleugnen.

Dies ermöglichte dem Jesuiten Alonzius Ferronius, eine Ode zu Ehren des Kakaobaumes zu verfassen, die er dem vielgeliebten Kardinal Brancaccio widmete:

„O Du am Rande der Welt entstandener Baum,
dessen sich die mexikanische Literatur so rühmt,
o fruchtbarer Saft, auf den
die Schokolade, dieser göttliche Nektar, so stolz ist,
mögen vor Dir alle Pflanzen und
die ganze Blumenwelt verblassen, dieser verbindende Lorbeerbaum,
die triumphalen Garben, die Eiche, die Erle,
sowie die kostbare Libanonzeder".

Dies war ein poetischer Schluß, der das Ende der Feindseligkeit der Kirche gegenüber der Schokolade bedeutete. 1687 berichtete de Blégny, daß:
„Die Mehrheit der Prediger versicherte, daß Schokolade für sie eine große Hilfe darstelle, sowohl vor der Arbeit als auch danach. Vor der Arbeit übe sie eine stärkende Wirkung aus, nach der Arbeit baue sie die verbrauchte Kraft wieder auf. Man habe sogar den Eindruck, daß sie die Lebensgeister weckt und das Gedächtnis stärkt."

Schokolade besitzt zahllose Vorzüge, die die spanischen Jesuiten zu nutzen verstanden. In diesem Zusammenhang berichtete der Heilige Simon, daß 1701 acht große Kisten in Cadiz abgeladen wurden, die für den „Ehrwürdigen Pater General des Jesuitenordens" bestimmt waren. Sie waren so schwer, daß sich die Träger fast das Kreuz gebrochen hätten. Neugierig geworden, öffneten sie aufs Geratewohl eine Kiste und fanden darin schwere Schokoladenblöcke, die unter dem Druck der Finger zerbrachen, wodurch kleine Goldbarren zum Vorschein kamen. Die Jesuiten wurden sofort davon unterrichtet, hüteten sich jedoch davor, diese so kostbare und zugleich so kompromittierende Schokolade zu verlangen und verzichteten lieber darauf, als ihren Schwarzhandel auffliegen zu lassen. Daraufhin wurde die Schokolade zwischen den Trägern aufgeteilt und das Gold dem König übergeben.

Eine dürftige Entschädigung im Vergleich zu dem Schmuggelhandel, dem der unglückliche Philipp V. ausgesetzt war. Von fünfundsechzigtausend Doppelzentnern Kakao waren nämlich nur zwanzigtausend legal importiert, der Rest wurde ins Land geschmuggelt.

1710 erreichte kein Schiff, das offiziell Kakao transportierte, Spanien. Der König, der darüber entmutigt war, verzichtete daraufhin auf sein Monopol und verkaufte es Händlern aus der Provinz Vizcaya.

Während sich die Kirche letztendlich positiv über die Beschaffenheit der Schokolade geäußert hatte, waren es nun die Ärzte, die dieses Problem erneut zur Sprache brachten.

In dem Werk „Le traité des dispenses du Carême", das 1710 von Hecquet, Dekan an der
medizinischen Fakultät von Paris, veröffentlicht wurde, ist zu lesen, daß Schokolade ein Getränk und ihr Genuß deshalb während der Fastenzeit erlaubt sei, zumal die Verdauung von Fisch dadurch spürbar verbessert werde. Insgesamt neigte Hecquet in seiner Darstellung dazu, den Nachweis zu erbringen, daß der Genuß von Schokolade eher eine geistige als eine körperliche Angelegenheit sei.

Einige Monate später veröffentlichte Dr. Nicolas Andry „Le régime de Carême considéré par ses rapports à la nature du corps et des aliments", worin er aufzeigte, daß sich einige Priester direkt nach der Kommunion dem Genuß von Schokolade hingaben, was zu einer Schwächung des Glaubens beitrage und sicherlich die Erklärung dafür sei, daß unter den Menschen eine geringe religiöse Gesinnung herrsche. Gegen die von Dekan Hecquet bezüglich der Fastenzeit vorgebrachten Argumente wandte er ein, daß Schokolade nicht getrunken, sondern eingesogen werde, und daß damit nicht der Durst gelöscht, sondern dem durch ihren Wohlgeschmack ausgelösten Genuß gefrönt werde, was im Widerspruch zum Begriff der Buße stehe. Schokolade unter diesen Bedingungen als Getränk zu bezeichnen, sei ein Lockmittel, wenn nicht sogar eine dreiste Täuschung. Um seine Argumentation zu untermauern, wies Andry darauf hin, daß Stubbe in England nachgewiesen hatte, daß eine Unze Kakao genausoviel ölige Säfte enthält wie sechzehn Unzen Rind- oder Hammelfleisch und daß Zacchius Schokolade als eine gefährliche Substanz schilderte. Trotz dieser heftigen Argumentation weigerten sich die Geistlichen, sich noch einmal auf eine Diskussion einzulassen.

Schokolade wurde im Vatikan eingeführt und bereits 1740 verteilte der Papst bei den Heiligsprechungszeremonien eine bestimmte Menge davon an seine Wachoffiziere, die er nach dem Rang festlegte.

Das Problem mit der Fastenzeit kam ein letztes Mal 1743 zur Sprache, als der Heilige Simon erstaunt feststellte, daß Ludwig XV. während der Fastenzeit Schokolade zu sich nahm, woraufhin ihm der König errötend entgegenhielt: „*Ich versichere Ihnen, daß ich die Fastenzeit überhaupt nicht verletze, denn die Jesuiten haben es mir gesagt, sie nehmen jeden Tag welche zu sich.*" Dieses plötzliche Erröten, auf das der Heilige Simon lange Nachdruck legte, war sicherlich ein Zeichen der Unentschlossenheit, die im Hinblick auf die Beschaffenheit der Schokolade immer noch bestand.

Popularisierung und Industrialisierung der Schokolade

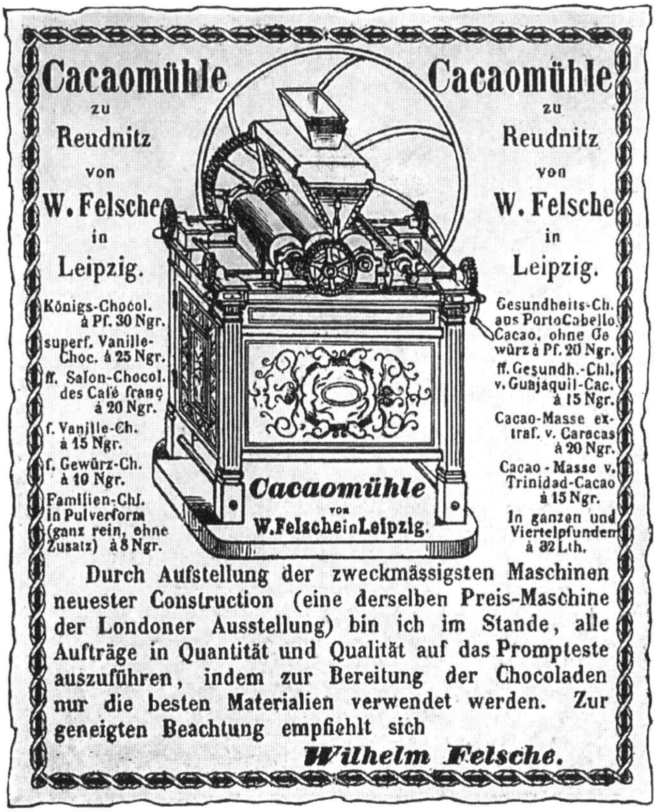

Der Leipziger Schokoladenfabrikant und Cafehausbesitzer Wilhelm Felsche hatte eine eigene „Cacaomühle" und glaubte, dadurch Kakao und Schokolade von besonderer Qualität anbieten zu können.

Als man 1825 den Gelehrten Chevreul bat, seine Ansicht über Schokolade darzulegen, erklärte er, daß es nach dem aktuellen Stand der Wissenschaft schwierig sei, sich über die Vorzüge ihrer Nährstoffe zu äußern, zumal dieses Produkt hauptsächlich von der individuellen Idiosyncrasie abzuhängen schien. Er machte an sich die Feststellung, daß Schokolade, im Gegensatz zu Kaffee, keine stärkende Wirkung hatte, sondern ein bis zwei Stunden nach dem Genuß ein Hungergefühl hervorrief, während Bourrienne in seinen „Memoires" berichtete, daß sich Napoleon I. zur Anregung Schokolade bringen ließ, wenn er bis spät in die Nacht arbeiten mußte.

Dennoch verfaßte Brillat-Savarin 1826 in seiner berühmten Abhandlung „Physiologie du goût" eine poetische Lobrede auf Schokolade:

„Glückliche Schokolade, die, nachdem sie über das Lächeln der Frauen in der Welt herumgekommen ist, in einem wohlschmeckenden und dahinschmelzenden Kuß ihres Mundes den Tod findet."

In der Zeit der Restauration, als die Tage des jungen Herzogs von Bordeaux gezählt schienen, bat seine Gouvernante, Madame de Gontaut, Dr. Ducasse, Chefarzt des Militärkrankenhauses von Bayonne, Schokolade herzustellen, um ihn wieder gesund zu machen.

Im 19. Jahrhundert hatte Schokolade immer noch den Ruf eines Gegengifts und zahlreiche berühmte Schriftsteller nahmen in ihren Werken darauf Bezug. So zum Beispiel 1839 in Stendhals Werk „La Chartreuse de Parme", wo Fabrice del Dongo, der von Clélia vergiftet wurde, durch die Verabreichung von Brot und Schokolade gerettet wird. Balzac, dessen Vorliebe eher dem Kaffee galt, machte sich über die politischen Auswirkungen der Schokolade Gedanken:

„Wer weiß, ob der übermäßige Genuß von Schokolade nicht an der Erniedrigung der spanischen Nation beteiligt war, die zum Zeitpunkt der Entdeckung der Schokolade gerade das Römische Reich neu aufbauen wollte! Denn sie breitete sich rasch in Spanien aus und entsprach der Trägheit und dem süßen Nichtstun, die den unter südlicher Sonne lebenden Menschen so wichtig sind."

Am 5. Januar 1860 schrieb Napoleon III., wahrscheinlich in Erinnerung an einen Tag während der Schlacht von Solferino, an dem er sich nur von einer Tafel Schokolade ernährte, die er in einer seiner Satteltaschen gefunden hatte:

„Kakao ist kein Luxusartikel, erst recht keine Leckerei. Seine gesundheitsfördernden und nährstoffreichen Eigenschaften sind unbestreitbar und unbestritten, und weil er mit einem Duft und einem Geschmack ausgestattet

Gesund mit Schokolade

ist, die der Nase und dem Gaumen schmeicheln, gehört er zu den Verbrauchsgütern und wird hiermit von der Steuer befreit. Denn seine wohltuende Wirkung ist sowohl körperlicher als auch geistiger Natur.“

Mangin, der diese Zeilen 1862 kommentierte, hob hervor, daß Schokolade – im Gegensatz zu Kaffee – weder zu einem übermäßigen Konsum verleiten noch eine giftige Wirkung entfalten könne. Mangin sah darin das Getränk für maßvolle, anständige und friedfertige Menschen. Es war tatsächlich so, daß Schokolade nur in öffentlichen Einrichtungen zu sich genommen wurde, wo keine Kartenspiele stattfanden und man danach keinen Schnaps, sondern lediglich ein frisches Glas Wasser trank. Alles in allem handelte es sich wirklich um ein Produkt, das den höchsten moralischen Ansprüchen gerecht wurde.

Für die Weltausstellung 1868 verfaßte Le Maout ein Gedicht zu Ehren der Schokolade, das deutlich macht, daß ihre Berühmtheit zu Recht anhielt.

Charles Monselet, bekannt durch seine „Lettres gourmandes“, schrieb am 1. Januar 1892:

„Um das Jahr gut anzufangen, spielte die erste Mahlzeit nach dem Aufstehen eine wichtige Rolle. Eine cremige Tasse Schokolade mit Vanille paßte zu zwei gerösteten Butterbrotscheiben und einem Glas ausgezeichneten Curaçao. Dies genügt, um den Magen richtig vorzubereiten und mit einem warmen Seelenfrieden zu füllen.“

Das 19. Jahrhundert stand ganz und gar im Zeichen großer technischer Errungenschaften, die die Welt veränderten. Der Nahrungsmittelbereich, insbesondere der der Schokolade, bildete keine Ausnahme und zahlreiche Techniker entwickelten das ganze Jahrhundert hindurch neue Maschinen, um die Qualität und die Produktion der Schokolade zu verbessern.

1811 entwickelte Poincelet einen Kakaobohnenmischer.

1819 rüstete sich Pelletier mit einer 4 PS starken Dampfpumpe aus. Die Maschine ermöglichte eine Produktion von sechsundsiebzig Kilo Schokolade in zwölf Stunden, was dem Ertrag von sieben Arbeitern entsprach.

1824 gründete Antoine Brutus Menier die „erste weltweite Schokoladenfabrik“ in Noisiel sur Marne, 1869 erzielte er eine Produktion von 3 850 Tonnen und genoß großen Ruhm, der zum Teil auf seinen berühmten Werbeslogan zurückzuführen war: *„Le chocolat noir qui blanchit en vieillissant“* (Schwarze Schokolade, die mit zunehmendem Alter weiß wird). Am 4. April 1828 meldete Van Houten ein Patent auf das erste Kakaopulver an: er hatte eine Presse erfunden, die die Kakaobutter herausdrückte, so daß eine pulvrige, trockene Substanz übrigblieb. Um sie verdaulicher zu machen, fügte er etwas Kali hinzu, in Anlehnung an die Tradition der Mexikaner, die Asche untermischten.

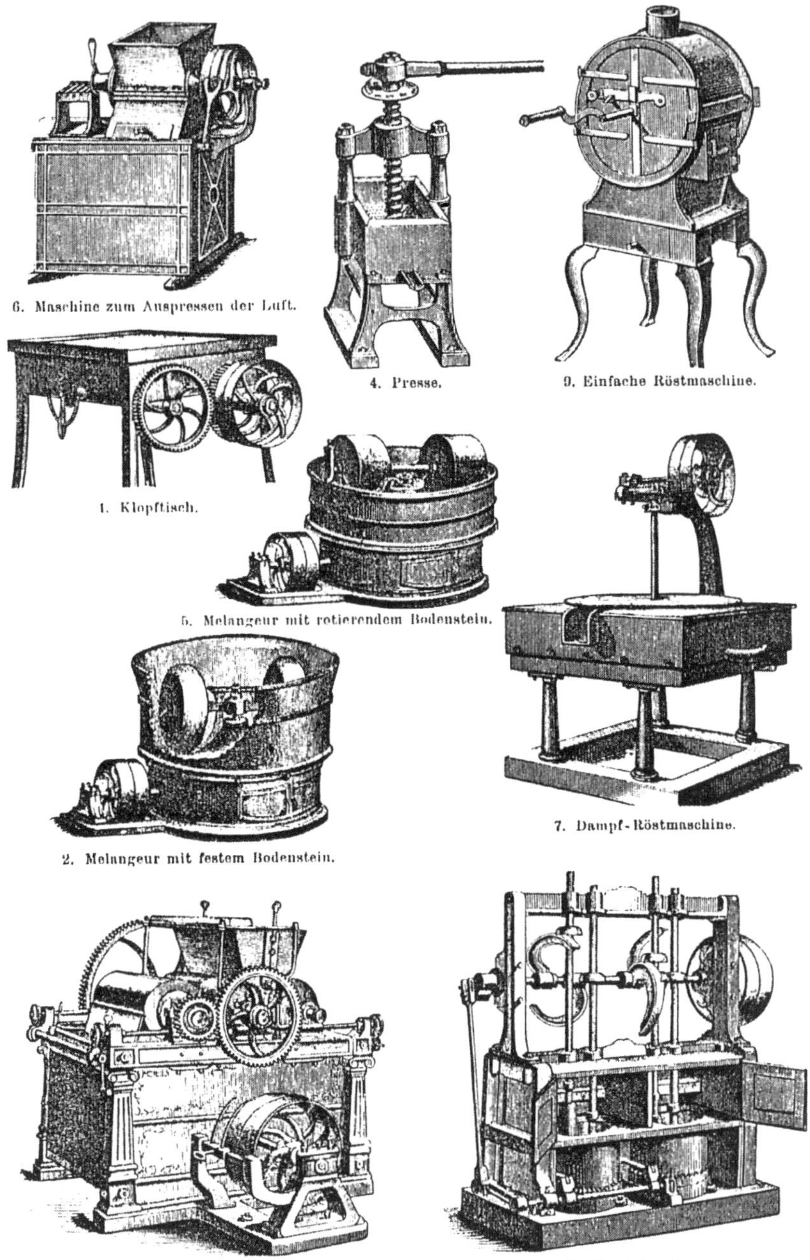

Maschinen zur Schokoladenfabrikation.
Darstellung aus: M. Brockhaus Conversations-Lexikon,
Allgemeine Deutsche Real-Encyklopädie in sechzehn Bänden, 13. Auflage,
Leipzig 1882 – 1887.

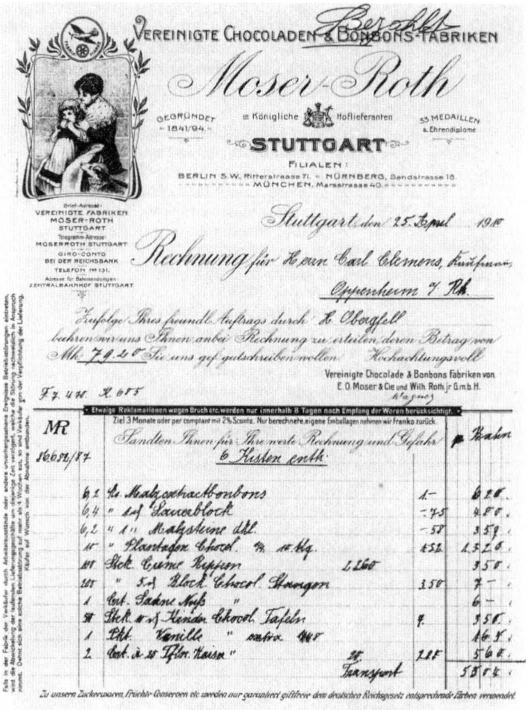

Vereinigte Chocoladen- & Bonbons-Fabriken
Moser-Roth
Gegründet 1841/94. Königliche Hoflieferanten. 33 Medaillen u. Ehrendiplome
STUTTGART
Filialen: Berlin S.W., Ritterstrasse 71. – Nürnberg, Sandstrasse 18. – München, Marsstrasse 40.

Brief-Adresse: Vereinigte Fabriken Moser-Roth Stuttgart
Telegramm-Adresse: Moserroth Stuttgart
Giro-Conto bei der Reichsbank
Telefon No 131.
Adresse für Bahnsendungen: Zentralbahnhof Stuttgart

Bezahlt

Stuttgart, den 25. April 1910

Rechnung für Herrn Carl Clemens, Kaufmann, Oppenheim a. Rh.

Zufolge Ihres freundl. Auftrags durch H. Obergfell beehren wir uns Ihnen anbei Rechnung zu erteilen, deren Betrag von Mk. 79.20 Sie uns gef. gutschreiben wollen. Hochachtungsvoll

Vereinigte Chocolade & Bonbons Fabriken von E. O. Moser & Cie und Wilh. Roth jr G.m.b.H.

Etwaige Reklamationen wegen Bruch etc. werden nur innerhalb 8 Tagen nach Empfang der Waren berücksichtigt.

Ziel 3 Monate oder per comptant mit 2% Sconto. Nur berechnete, eigene Emballagen nehmen wir franko zurück.

MR

Sandten Ihnen für Ihre werte Rechnung und Gefahr 6 Kisten enth.

Transport

Zu unsern Zuckerwaren, Früchte-Conserven etc. werden nur garantiert giftfreie dem deutschen Reichsgesetz entsprechende Farben verwendet.

Rechnung einer Schokoladenfabrik in Stuttgart
für einen Kunden in Oppenheim
vom April 1910.

Dank des technischen Fortschritts, der durch eine Qualitätsverbesserung in Form einer stärkeren Zerkleinerung der Kakaobohnen eine flüssigere Schokolade ermöglichte, kamen 1855 die ersten Formen heraus, die völlig unterschiedliche Arten von Schokolade zuließen.

1875 hatte ein Schweizer, Peter, die Idee, Milchschokolade in Form von Tafeln herzustellen. Böse Zungen behaupteten, daß diese Neuerung aus der Notwendigkeit entstanden war, die überschüssige Schweizer Milch loszuwerden. Die erste Tafel nach diesem neuen Rezept wurde erst 1905 in den Handel gebracht.

Während des Zweiten Weltkriegs bildete Schokolade ein Bestandteil der Überlebensration der amerikanischen GI's. Dazu beauftragten die USA die Pennsylvania Manufactory Confectioners Association, eine Schokolade zu entwickeln, die selbst in heißen Ländern nicht schmilzt. Dies war die Geburtsstunde der „Field Ration D", deren Produktion während des Pazifikkrieges gegen die Japaner 500 000 Riegel pro Tag erreichte.

Das Rezept lautete folgendermaßen:

• Kakaomasse mit 54 % Fett	49,5 g
• Zucker	17 g
• Vollmilchtrockenmasse	16 g
• Fett mit einer Schmelztemperatur bei 45° C	16,5 g
• Sorbit-Monostearat	0,5 g
• Polyoxyethylen-Sorbi-Monostearat	0,5 g
• Vitamin B1	4 g pro fertigem Kilo

• Salz und Vanille je nach Geschäftspraktik.

Verfälschte Schokolade

Als der hohe Preis der Schokolade trotz zunehmender industrieller Herstellung bestehen blieb, versuchten gewissenlose Fabrikanten, die Selbstkosten zu senken, indem sie andere Bestandteile als Kakao, Zucker und bestimmte Gewürze untermischten. Viele Autoren führten die Verdauungsbeschwerden, über die einige Personen klagten, auf derart verfälschte Schokolade zurück.

1813 wird das Problem der verfälschten Schokolade von Cadet de Gassicourt im Wörterbuch der medizinischen Wissenschaft aufgegriffen, worin er die Verbraucher auffordert, sich vor Händlern in acht zu nehmen, die Schokolade zu niedrigen Preisen anbieten, da dies ein untrügliches Zeichen für schlechte Qualität sei. Um nicht die notwendige Menge an Kakao nehmen zu müssen, ersetzen ihn die einen teilweise durch Stärke oder Kartoffelstärke, die anderen durch zerkleinerte süße Mandeln, Reismehl, gemahlene Linsen oder Trockenerbsen, oder sie gleichen Kakaobutter durch Eigelb, tierische Fette oder Akaziengummi aus, wie aus seinem Werk ersichtlich ist. Es gibt auch billige Schokolade aus der zwiebelförmigen Wurzel der Erdpistazie, der Maismehl oder Türkischer Weizen und Storax Kalamit, Vanilleersatz, zugesetzt wurde. Derartige Schokolade ist zwar aus ökonomischer Sicht vorteilhaft, sie besitzt jedoch eine verheerende Wirkung auf den Verdauungstrakt, und der Geschmack wird ebenfalls in Mitleidenschaft gezogen.

1826 pflichtete ihm Brillat-Savarin voll und ganz bei und hob hervor, daß das schwierige Unterfangen, eine gute Schokolade herzustellen, den hohen Preis dieses Produkts erkläre und rechtfertige:

„Wer sich nicht damit beschäftigt, ahnt weder etwas von den Schwierigkeiten, mit denen man zu kämpfen hat, wenn man irgendetwas zur Perfektion bringen möchte, noch von der Aufmerksamkeit, dem Feingefühl und der Erfahrung, die erforderlich sind, um eine Schokolade herzustellen, die süß ist, aber nicht fad, fest, aber nicht hart, wohlschmeckend, aber nicht ungesund und gebunden, aber nicht stärkehaltig."

1864 unterschied Debay zwischen guter Schokolade aus Rohstoffen, die sich wohltuend auf die Gesundheit auswirken, und billiger Schokolade aus Neben- und Abfallprodukten, die Vergiftungen oder Vergiftungserscheinungen hervorrufen können.

Zwanzig Jahre später hat sich an der Situation kaum etwas geändert und 1890 ist in einem Bericht über die Weltausstellung zu lesen:

„Bei Schokolade besteht keine Gleichberechtigung, zuviele müssen sich mit minderwertigen Produkten zufriedengeben, da sie sich echte Schokolade nicht leisten können. Ihr hoher Preis war insbesondere auf die hohen Abgaben zurückzuführen, die auf Zucker und Kakao lasteten. Jetzt liegt es vor allem daran, daß sich die Schokoladenfabrikanten mithilfe von Preisnachlässen um die Dienste der Zwischenhändler streiten, um ihre Produktion schneller abzusetzen. Dadurch verringert sich ihr Gewinn und sie sind gezwungen, die Kosten für Schokolade ab Werk zu erhöhen. Wenn sich ein gewisses Preisniveau einstellt, gleichen es einige Fabrikanten dadurch aus, daß sie verdorbenen Kakao verwenden oder alle möglichen Substanzen untermischen.“

Zu Beginn des 20. Jahrhunderts war Qualitätsschokolade immer noch nicht für jeden erschwinglich, so daß sich Billigprodukte ungehindert ausbreiten konnten.

Am 19. Dezember 1910 erschien eine Verordnung, die die Herstellung der Schokolade regelte. Die Bezeichnung Kakaomasse „ist für die Masse bestimmt, die durch das Zerkleinern gerösteter, geschälter und entkeimter Kakaobohnen entsteht, wobei nicht mehr als 2 % Schalen- und Keimreste enthalten sein dürfen. Je nach Bedarf kann ihr Fett durch heißen Druck entfernt sowie Kakaobutter zugesetzt werden. Die Bezeichnung „Schokolade“ und „gezuckerter Kakao“ ist für die Produkte bestimmt, die durch das Mischen von Zucker und Kakaomasse oder Kakaopulver entstehen, wobei in 100 g mindestens 32 g Kakaomasse oder -pulver enthalten sein müssen“.

Die Rezepturen sind inzwischen in der Europäischen Gemeinschaft genau definiert worden, z.B. in Deutschland gillt die aktuelle Kakaoverordnung vom 30.07.1976 (Siehe Grafik S. 124).

In Erwartung einer Übereinstimmung der europäischen Vorschriften haben sieben Länder – Großbritannien, Irland, Dänemark und seit kurzem auch Portugal (1993), Österreich, Finnland und Schweden (1995) – die Erlaubnis erhalten, in der Schokoladenherstellung bei 5 % des Fettgehalts anstelle von Kakaobutter andere pflanzliche Fette zu verwenden.

Teil II

DIE SCHOKOLADE UND DIE ÄRZTE

Kapitel I

MEDIZINISCHE DEBATTEN

Die Medizin zur Zeit Molieres

„Das Frühstück".
Gemälde von François Boucher, 1739.

Bevor wir konkret auf die verschiedenen medizinischen Standpunkte zur Schokolade eingehen, bietet sich ein kurzer Rückblick in die Zeit der Klassik an, die in Europa das Goldene Zeitalter der Wissenschaft und großen Entdeckungen darstellte, dank berühmter Gelehrter wie Francis Bacon, Galilei, William Harvey, Thomas Sydenham, Malpighi, Newton, Descartes und vieler anderer. Ihr Verdienst war umso größer, als das Forscherdasein damals mit großen Schwierigkeiten verbunden war, denn das Sezieren wurde von der Kirche streng verurteilt und auch das Experimentieren wurde nur widerwillig geduldet.

Der Astronom Galilei, der auch Erfinder des Mikroskops war, geriet mehrfach mit der Inquisition in Konflikt. Da seine Theorien zu bestimmten Grundprinzipien der Kirche im Widerspruch standen, wurde er vom Inquisitionsgericht verurteilt und mußte seinen Überzeugungen abschwören.

Obwohl für Harvey die Folgen weniger dramatisch waren, mußte er doch zugeben, daß sich nach der Veröffentlichung seines Buches über den Blutkreislauf viele seiner Patienten von ihm abgewandt hatten, und zwar nicht nur, weil die meisten ihn für verrückt hielten, sondern auch weil seine Kollegen sich gegen ihn verbündet hatten.

Die Situation war für fortschrittlich Gesinnte umso schwieriger, als die Schulmedizin den Prinzipien der Antike von Hippokrates und Galien eng verbunden war. Zwar waren die beiden Männer geniale Vordenker gewesen, doch inzwischen war man weiter, und das blinde und engstirnige Festhalten an Theorien aus dem 5. Jahrhundert v. Chr. und dem 2. Jahrhundert n. Chr. zeugte von einem bedauerlichen Konservatismus. Umso mehr, als alles, was nicht in diesen „Bibeln“ des medizinischen Wissens stand, als suspekt betrachtet wurde.

Man ist weit entfernt von den Ratschlägen des Paracelsus, der die Ärzte aufforderte, selbst nachzudenken anstatt die Überlegungen ihrer Berufskollegen zu übernehmen.

Wenn man die damalige Medizin und ihre Behandlungsmethoden richtig verstehen will, so muß man etwas über die Theorien des Hippokrates wissen, wonach jeder Mensch, ob gesund oder krank, sein eigenes Temperament hat, d.h. eine natürliche Reaktionsweise seines Körpers, die sich durch Krankheit ändern kann. Man unterschied vier Temperamenttypen nach den vier Elementen:

- das sanguinische Temperament entspricht der Luft und ist heiß und feucht,
- das phlegmatische Temperament entspricht dem Wasser und ist kalt und feucht,
- das cholerische Temperament entspricht dem Feuer und ist heiß und trocken,
- das melancholische Temperament entspricht der Erde. Es ist kalt und trocken.

Vier Körpersäfte bestimmen das Temperament:
- Blut,
- Schleim oder Phlegma,
- gelbe Galle,
- schwarze Galle oder Melancholie.

Die Krankheiten wurden auf ein Ungleichgewicht der verschiedenen Körpersäfte zurückgeführt. Grundlegendes Prinzip jeder Behandlung war die Bekämpfung des Leidens durch ihr Gegenteil:
- eine kalte Substanz für Choleriker und Sanguiniker,
- eine heiße Substanz für Phlegmatiker und Melancholiker.

So kam es, daß Nahrung und Heilmittel noch im 17. Jahrhundert nach ihrer kalten oder heißen Beschaffenheit klassifiziert wurden.

In Wirklichkeit war das Modell des Hippokrates weitaus differenzierter als es die um Vereinfachung bemühten Ärzte darstellten.

Ausgehend vom Prinzip, Fieber durch kühlende Arzneien zu bekämpfen und eine Erkältung durch erwärmende Medizin zu behandeln, mußte nur noch die Rolle der neu eingeführten exotischen Substanz bestimmt werden, die man Schokolade nannte.

Der erste europäische Arzt, der über die Schokolade schrieb, war vermutlich Juan de Cardenas, der sie 1591 aufgrund ihres hohen Fettgehalts als nützlich und wohltuend bezeichnete.

1605 stellte Joseph Dacosta fest, daß der Kakao hauptsächlich als Getränk eingenommen und ohne erkennbaren Grund sehr geschätzt wurde, zumal seine Zubereitung eine höchst unerfreuliche Angelegenheit war. Es bildete sich nämlich auf der Oberfläche ein brodelnder Schaum, so daß es seiner Meinung nach großen Mut erforderte, ein solches Gebräu zu sich zu nehmen, wenn man nicht daran gewöhnt war. Er gab jedoch zu, daß viele eine besondere Vorliebe für den Kakao entwickelten, insbesondere die Spanier, die ihn heiß oder auch kalt tranken. Manche verzehrten ihn sogar in Form von Brei und versicherten, er sei wohltuend für den Magen und wirksam gegen Katarrh.

Doch Kardinal Richelieu, der ein großer Liebhaber von Schokolade war und sie zur Behandlung der Milz einnahm, wußte nichts von dieser spanischen medizinischen Literatur und wandte sich an René Moreau, Professor an der Medizinischen Fakultät von Paris, um Genaueres über die Eigenschaften der Schokolade zu erfahren. Doktor Moreau war das Thema ziemlich gleichgültig und hatte zweifellos keine Lust, sich in ein langwieriges Studium zu vertiefen. Als Antwort auf die Frage des Prälaten veröffentlichte er 1643 „Un discours sur le chocolat en quatre parties“ bei dem es sich um nichts anderes handelte als die Übersetzung eines spanischen Buches . Moreau begnügte sich, einige Kommentare hinzuzufügen.

An der medizinischen Fakultät befaßten sich damals zahlreiche Doktorarbeiten mit der Schokolade. Insgesamt ging es in den Abhandlungen der letzten zweihundert Jahre um ganz spezielle Themen, die heftig diskutiert wurden:

- die Lebensmittel, die zur Herstellung von Schokolade verwandt werden,
- ihre Zubereitung,
- die Festlegung ihrer Eigenschaft: kalt, heiß oder lauwarm,
- die Frage, wie häufig man sie verzehren sollte,
- die Gefahren durch einen überhöhten Schokoladenkonsum,
- die Komplikationen, die ihr Verzehr mit sich bringen kann,
- die Gegenanzeigen,
- die Krankheiten, bei denen sie eine Heilwirkung besitzt.

Die Zusammensetzung

Wir haben gesehen, daß das Rezept für spanische Schokolade aus Kakao, Aromastoffen und Zucker oder Maisbrei besteht. Seltsamerweise interessierten sich die Ärzte kaum für die medizinischen Eigenschaften des reinen Kakaos, sondern ließen sich lang und breit über die Vorzüge der Aromastoffe aus: Pfeffer, Vanille, Zimt, Gewürznelken, Muskat, grauer Amber, Orlean, Anis, Mandeln und Haselnüsse.

• Kakao

Die einzigen Kommentare zur Wirkung von Kakao, ohne Zusätze und roh verzehrt, stammen von Pinelo, der 1636 empfahl, rohen Kakao oder Kakaomasse zur Schmerzlinderung zu verwenden, insbesondere bei Brustschmerzen oder wenn man das Bett hüten muß. Geoffroy meinte 1743, rohe Schokolade verdicke das Blut und die Körpersäfte. Um diesem Übel abzuhelfen, sollte sie abwechselnd mit einer kleinen Menge Aromastoffe eingenommen werden.

• Zucker

In den Werken über Schokolade findet sich kein Kommentar zu den eventuellen Heilwirkungen von Zucker. 1812 stellte Buc'hoz fest, daß die darin enthaltenen Fette die „bitteren" Körpersäfte versüßen und die Säure nehmen. Er fügte hinzu, ein Stück Zucker nach einem üppigen Mahl erleichtere die Verdauung und helfe bei Schluckauf.

• Atole

So hieß der Maisbrei der einfachen Leute, die ihn mit etwas Kakao verfeinerten. Moreau riet davon ab, Brot und Mais mit Schokolade zu vermischen, da beide Produkte „Winde" erzeugen und melancholisch stimmen, umso mehr, da das Brot den Körper erkalte und kasteie. Er empfahl daher, Schokolade mit solchen Mischungen zu meiden, die nur dazu führten, mehr Schokolade zu verzehren und den Profit zu erhöhen.

Dufour war 1671 ganz anderer Ansicht und sprach sich für den Maisbrei aus, den er als leicht verdaulich und hustenlindernd beschrieb und dessen

Nutzen bei Fieber, beim Wasserlassen und bei der Verdauung von ihm hervorgehoben wurde.

• Pfeffer

Moreau mahnte zu größter Vorsicht bei der Verwendung dieses Gewürzes und empfahl es bei kalter Leber, da er Pfeffer für eine heiße und trockene Substanz hielt. In diesem Zusammenhang erzählte er eine Anekdote über einen Mönch, der die Vorzüge des mexikanischen Pfeffers rühmte und an einer Schafsleber experimentierte. Er hatte eine Hälfte der Leber mit schwarzem Pfeffer bestreut und die andere mit mexikanischem Pfeffer. 24 Stunden später war die erste Hälfte vollkommen ausgetrocknet, während die zweite Hälfte ganz frisch geblieben war.

Dufour empfahl dagegen, Pfeffer zu meiden, da er das Entstehen von Akne begünstige.

• Vanille

Nach Ansicht von Moreau stärkte Vanille Herz und Magen, vertrieb melancholische Stimmung und stellte ein sehr gutes Mittel gegen Gift dar.

Auch de Blégny hob 1687 die Heilwirkung der Vanille hervor, die er für die Seele der Schokolade hielt und der er die meisten nützlichen Eigenschaften bei der Behandlung von Brustkrankheiten und als Mittel gegen Gift zuschrieb.

De Caylus bestritt 1720 diesen Standpunkt. Für ihn verursachte die Vanille Verstopfung und er riet dem Gesundheitsbewußten, sich statt in Sinnenfreude in Enthaltsamkeit zu üben. 1762 bezeichnete Della Bona die Vanille-Schokolade dagegen für bestens geeignet bei leichtem Fieber, phlegmatischem Temperament, Schwermut und bei Menschen in fortgeschrittenem Alter. Dagegen warnte er ausdrücklich vor Vanille bei cholerischer oder sanguinischer Veranlagung.

• Zimt

Zimt fand ungeteilte Zustimmung. Seine wohltuende Wirkung faßte Moreau in folgende poetische Worte:

„Er ist gut für den Urin,
wendet von uns ab Ruin,
hell leuchtet das Auge, gestärkt sind die Nieren,
und bei Vergiftung kann nichts mehr passieren."

Dufour stimmte mit Moreau in das Loblied auf den Zimt ein und hob seine wohltuende Wirkung auf Nieren, Augen und Magen hervor. Außerdem helfe er bei Blähungen, vertreibe Magenschmerzen, stärke das Herz, sorge für guten Atem und eine frische Farbe.

- **Gewürznelken**

Moreau reimte:

„Für frischen Atem, schlanken Bauch,
als Magentrost da nützt sie auch.
Wenn's kneift und zwickt, dann denke dran,
daß Nelke dir da helfen kann."

De Blégny behauptete außerdem, sie verleihe der Schokolade *„ihre stärkende und balsamische Wirkung"*.

- **Anis**

Dieses Gewürz inspirierte Moreau zu einem dichterischen Höhenflug:

„An Tugend reich ist Anisum,
bringt müden Gliedern neuen Schwung,
und läßt dich werden wieder jung.
Wenn Nieren und Blase nicht gesund,
zudem ein schaler Geschmack im Mund,
bei Winden und bei Frauenleiden,
Rumoren in den Eingeweiden.
Der ganze Körper wird zur Qual,
Anis, der hilft dir allemal."

- **Orlean**

Orlean ist der Saft einer mittelamerikanischen Frucht, die von den Malern als Färbemittel benutzt wird.
De Blégny empfahl sie bei Atembeschwerden, Fieber, Ruhr, Eiter im Urin und ganz allgemein bei allen Arten von Verstopfung im Verdauungstrakt.

Dufour war der Ansicht, sie verringere den Gehalt an Fettsubstanzen, eine häufige Ursache von Harnverhaltung und Asthma. Labat zeigte sich 1724 äußerst skeptisch und empfahl, Orlean zu meiden. Dabei stützte er sich auf die Erfahrung der Spanier und Indios, die nach ihrer anfänglichen Begeisterung für bestimmte Arzneien, die zur Zeit von Colmenero de Ledesma sehr in Mode waren, 1631 wieder vom Orlean abließen, der nur dazu diene, die Schokolade rot zu färben.

Dies wurde 1827 von Gallais bestätigt, der hinzufügte, daß Orlean bei der Zubereitung von Schokolade nur *„die Sinnlichkeit der Käufer wecken solle"*.

- **Haselnüsse**

Moreau reimte:

„Haselnüsse die Laune verdrießen
und zudem den Bauch verschließen.
Geröstete Nüsse den Ausgang verstopfen,
die Luft behindern und sie gar pfropfen.
Sie bleibt gefangen und steigt nach oben,
im Kopf beginnt ein gewaltiges Toben."

- **Mandeln**

Frische grüne Mandeln hielt Moreau für recht schädlich und riet deshalb vom Verzehr ab:

„Mit Maß und Ziel,
wenig statt viel -
Doch Grüne werden schlecht vertragen,
schaffen nichts als Unbehagen."

- **Grauer Amber**

Es handelt sich um ein Stoffwechselprodukt aus dem Darm des Pottwals, das ins Meer ausgeschieden wird.
Moreau behauptete, er sei als Zusatz in der Schokolade sehr begehrt, da er die Sinne errege. Deshalb wünschten sich viele, diese Praxis möge allgemeine Verbreitung finden.

- **Moschus**

Es handelt sich um eine braune, stark duftende Substanz, die von den Drüsen des Moschushirsches abgesondert wird... De Blégny empfahl ihn nur *„gegen Kopfschmerzen, als Stärkungsmittel und zur Verdauung"*.

- **Kampescheschoten**

Kampesche ist ein Tropenholz aus Mittelamerika, das einen roten Farbstoff enthält. Die Schoten riechen wie Fenchel und verursachen eine leichte Verstopfung.

- **Mucafalk**

Nach Ansicht von Moreau haben die aromatischen Blüten mit dem schweren Duft eine abführende Wirkung. Für Magenempfindliche empfahl er statt dessen Rosenpulver aus Alexandria.

Es gab eine unglaubliche Fülle von Zutaten bei der Zubereitung von Schokolade. Bei übermäßiger Hitze in Leber und Nieren empfahl Moreau, Pulver aus gerösteten Kernen von Melonen, Kürbis und Gurken hinzufügen bzw. Pulver von Bandasseln – aus der Familie der Tausendfüßler – bei Verstopfung von Leber oder Milz.

Die Zubereitung

Hier ist Moreau besonders ausführlich und berichtet in allen Einzelheiten über die verschiedenen Zubereitungsarten, die damals gebräuchlich waren. So erzählt er, daß die Eingeborenen die Zutaten für die Kakaomischung auf einem flachen, »Matate« genannten Stein zerstampfen. Sie rösten zunächst alle Zutaten mit Ausnahme des Orlean, damit sie leichter zu Pulver verarbeitet werden können. Dies muß sehr sorgfältig geschehen, und die Mischung muß ständig umgerührt werden, damit die verschiedenen Aromastoffe nicht schwarz werden, wodurch sie ihre Vorzüge verlieren und bitter werden würden. Zimt und mexikanischer Pfeffer, der zuvor mit Anis gemischt wird, müssen zuerst zerstoßen werden. Man muß den Kakao jeweils zwei- bis dreimal auf dem Stein zerstoßen, damit er fein genug ist. Das Kakaopulver und die anderen Zutaten werden in ein Gefäß gegeben und mit einem Löffel durchgemischt. Die so verarbeitete Masse wird erneut auf dem Stein zerstampft, unter dem ein kleines Feuer angezündet wird. Man muß jedoch darauf achten, daß der Kakao nicht zu stark erhitzt wird, damit er butterweich bleibt. Wegen der schöneren Farbe sollte man den zerstoßenen

Orlean zuletzt zugeben. Zudem muß jedes Pulver gesiebt werden – mit Ausnahme des Kakaos, der zuvor sorgfältig geschält worden war –, um eine besonders gute und schmackhafte Schokolade zu erhalten.

Wenn die Masse fast flüssig geworden ist, gießt man sie mit Hilfe eines Löffels vorsichtig in Schachteln, die mit Papier oder Blättern ausgelegt sind, so daß man nach dem Erkalten Tafeln erhält. Dann braucht man die Tafel nur noch vom Blatt abzulösen, was nicht möglich wäre, wenn man die Masse direkt in ein Tongefäß schütten würde.

In Westindien, so Moreau, trinkt man die Schokolade heiß, zusammen mit Atole. Die Eingeborenen schälen den Mais vorsichtig, damit die Zubereitung besonders bekömmlich ist.

In Spanien gibt es unterschiedliche Zubereitungsarten. Die erste besteht darin, die Schokolade in kaltem Wasser aufzulösen und den Schaum abzuschöpfen, den man in ein anderes Gefäß gibt. Die verbleibende Flüssigkeit wird zusammen mit Zucker erhitzt. Wenn die Idealtemperatur erreicht ist, wird der Schaum wieder hinzugefügt. Die Schokolade ist dann trinkfertig.

Die zweite Art besteht darin, die Schokolade in einem Gefäß mit etwas heißem Wasser zu verquirlen. Wenn sie gut aufgelöst ist, gibt man das restliche heiße Wasser zusammen mit dem Zucker hinzu.

Für die dritte Art der Zubereitung gibt man die Schokolade mit etwas Wasser in einen kleinen Topf, verrührt das Ganze gut, gibt Zucker und etwas Wasser hinzu und erhitzt den Kakao, bis die fetten Bestandteile an der Oberfläche schwimmen, ohne das Ganze zum Kochen zu bringen. Obgleich besonders schmackhaft, soll der so zubereitete Kakao laut Moreau nicht sehr bekömmlich sein, da *„die Butter sich von den festen Bestandteilen löst, die am Boden bleiben; das macht melancholisch, die Butter lockert den Magen und schadet dem Appetit"*.

Man kann den Kakao auch kalt trinken und ihn an Festtagen zur Erfrischung reichen. Hierzu muß man die Schokolade mit kaltem Wasser mischen und gut verrühren, bis man einen dicken Schaum erhält, der bei alter Schokolade besonders stark ist. Der Schaum wird in einen Becher gefüllt. In das erste Gefäß gibt man Zucker und den Schaum. Die so erhaltene kalte Mischung ist besonders erfrischend, aber schwer verdaulich, besonders für Frauen.

Die fünfte Zubereitungsart bezeichnet man als „Pinoli-Kakao". Sie unterscheidet sich von der letztgenannten nur durch eine gleichmäßige Zugabe von geröstetem, geschältem und zerstoßenem Mais.

Die sechste und letzte Art der Zubereitung ist nicht nur die schnellste, sondern auch die praktischste und gesündeste. Man bringt Wasser zum Kochen, gibt eine Tafel Schokolade oder geriebene Schokolade in einen kleinen Topf und fügt Zucker hinzu. Wenn das Wasser heiß ist, gießt man es in

1

2

3

1, 2 und 3: Eine Kakaoplantage *, Kakaobäume *

* © Barry

2

3

1

4

5

7

6

8

11

9

10

Seite 86:

1 Um die Ernteerträge zu steigern, werden die Blüten künstlich befruchtet.
2 Das typische Werkzeug für die Kakaoernte.
3 Die Kakaofrüchte werden mit an langen Stangen befestigten Messern behutsam vom Stamm geschnitten.
4 Die neue Ernte.
5 An Sammelstellen werden Kakaofrüchte so geschickt aufgeschlagen, daß die kostbaren Samen unbeschädigt bleiben.
6 Sammelstelle *
7 Die frischen Kakaobohnen auf dem Weg zur Fermentation (Gährung).

Seite 87:

8 Das Füllen der Kisten *
9 Die Fermentation (Gährung)
10 Unter tropischer Sonne trocknen die Kakaobohnen bis zu zehn Tagen. Dabei werden sie ständig gewendet – sie gewinnen ihr charakteristisches Aroma.
11 Kakaobohnen *

* © Barry

1

2

4

3

1 Die stufenförmig angeordneten Fermentationskästen.
2 Innerhalb von fünf bis sieben Tagen werden die Kakaobohnen in die tieferen Fermentationskästen umgeschichtet.
3 Der getrocknete Rohkakao wird in Jutesäcke zu 60 bis 70 kg gefüllt.
4 Träger laden die Kakaosäcke auf LKW, die sie zum nächstliegenden Hafen bringen.

* © Barry

den kleinen Topf und verquirlt das Ganze. So kann man den Kakao trinken, ohne den Schaum abzuschöpfen.

Während man üblicherweise den Kakao mit normalem Wasser zubereitete, konnte man unter bestimmten Umständen auch besondere Zusätze hinzugeben. So empfahl Dufour für cholerische Naturen Schokolade mit Zichorienwasser, was auch bei „heißer“ Leber geeignet sei, während Rhabarber bei „kalter“ und verstopfter Leber helfe.

Man konnte den Kakao auch mit Milch auflösen, die ihrerseits zahlreiche Heilwirkungen besitzt. De Blégny versicherte, solcherart zubereitet helfe sie vor allem bei Lungenerkrankungen und insbesondere bei Husten. Er empfahl jedoch, den Rahm von der kochenden Milch abzuschöpfen.

De Caylus beklagte 1720 die Probleme bei der Verwendung von Milch, die seiner Ansicht nach für bestimmte Krankheiten ein sehr wirksames Heilmittel sei, aber nicht von allen vertragen werde. Er empfahl in diesem Fall, ein Glas Kakao und ein Glas Milch zu mischen und versicherte, Bitterstoffe und Alkalität des Kakao würden die Gerinnung der Milch im Magen verhindern.

1724 behauptete Labat das Gegenteil und erklärte, die mit Milch zubereitete Schokolade sei zu dick, zu sättigend und somit schwerer zu verdauen.

Geoffroy schloß sich dagegen 1743 der Meinung von de Caylus an und empfahl diese Zubereitung für Personen, die an Schwindsucht leiden, da sie sehr nahrhaft, fett und mild sei und die bitteren Säfte abschwächen könne.

Häufig wurde die Schokolade auch in alkoholischen Getränken aufgelöst.

Der Kakao wurde gewöhnlich heiß serviert. Er konnte jedoch auch kalt getrunken werden. So schrieb Hecquet 1710, daß die Indios die kalte Schokolade und die Europäer die eisgekühlte Schokolade erfunden hätten. Doch für Hecquet hatte die Lust auf etwas Kaltes nichts mit normalem Durst zu tun. Daher hielt er eisgekühlte Schokolade für gefährlich, da nicht mehr zwischen Durst und Krankheit unterschieden werde. Diese Krankheit mache sich durch brennendes Fieber, beschleunigten Puls und übertriebene Sinnenlust bemerkbar, die die Menschen faul und träge mache. Zudem schade kalte Schokolade der Leber, führe zu Wassersucht, verdicke das Blut und verlangsame den Kreislauf. Dagegen sei heiße Schokolade ein ausgezeichnetes Mittel bei Durchfall und Koliken, erneuere die Kraft und bekämpfe Ermattung und Schläfrigkeit. Ebenso geeignet sei sie für Menschen, die aufgrund körperlicher und geistiger Erschöpfung an Schlafstörungen leiden.

Der Kakao konnte auch als Konfitüre zubereitet werden, was nach Ansicht von deCaylus ein hervorragendes Stärkungsmittel für den Magen sei, auch bei Fieber.

Die Schokolade in fester Form als Tafel, Dragée oder Pastille, eher Konfekt als Medizin, hielt Dufour für ohne besonderen gesundheitlichen Nutzen.

Das Verfahren zur Gewinnung von entölter Schokolade wurde 1687 von de Blégny entwickelt. Er empfahl, die überschüssige Kakaobutter abzuschöpfen, um die Schokolade löslicher und bekömmlicher zu machen, damit bei häufigem Gebrauch keine Verdauungsprobleme mehr auftreten. Die entölte Schokolade sollte verhindern, daß es zur Verstopfung der Gefäße und zu Harnverhaltung aufgrund schleimhaltiger Fette komme.

Nachdem man die verschiedenen Methoden der Schokoladenzubereitung beherrschte, mußte man noch herausfinden, ob sie direkt nach der Herstellung oder erst einige Zeit später zu verzehren sei. Hierzu meinte Moreau, die Schokolade sollte mindestens einen Monat lagern. Diese Zeit sei nötig, um die kalten und heißen Eigenschaften der Schokolade auszugleichen. Dieser Standpunkt wurde im übrigen von mehreren Personen bestätigt, die behaupteteten, nach dem Verzehr frischer Schokolade Magenbeschwerden bekommen zu haben, was Moreau dadurch erklärte, daß die Butter durch die festen Bestandteile des Kakaos noch nicht ausgeglichen worden sei.

Unter Berücksichtigung der Zubereitung und der Zutaten galt es nur noch zu klären, ob die Schokolade zu den „heißen" oder „kalten" Nahrungsmitteln zu rechnen sei.

Über die Beschaffenheit der Schokolade

Es mag für uns heute schwer nachzuvollziehen sein, wie dieses Thema damals die Gemüter bewegte und rege Diskussionen auslöste, doch ist es wichtig zu verstehen, von welch eminenter Bedeutung zu einer Zeit, in der man noch der Theorie von Hippokrates und Galien anhing, eine optimale Therapie zur Behandlung von Krankheiten war, was man allein daraus ersehen kann, daß man von 1605 bis 1772, also über 160 Jahre lang, in den Büchern auf diese Polemik stößt!

Ganz zu Anfang gingen die Ärzte von dem Prinzip aus, daß der Kakao kalt sei und man diesem Zustand durch Zugabe von Aromastoffen und Gewürzen, die als heiße Substanzen galten, entgegenwirken müsse.

Die erhaltene Mischung sei somit von warmer Beschaffenheit. Manche widersprachen jedoch dieser Theorie mit der Begründung, das im Kakao enthaltene Fett mache es zu einer heißen Substanz, da Feuer ölige Stoffe benötige.

Über 150 Jahre lang wurde hierüber gestritten, wobei die Argumente mehr theoretischer als wissenschaftlicher Art waren.

Marradon schrieb 1618 ein Buch mit dem Titel „Du chocolat, dialogue entre un médecin, un Indien et un bourgeois", in dem er einen Arzt sagen ließ, er halte nichts von diesem Getränk, der sogenannten Schokolade, die in Westindien und Spanien so verbreitet sei und als Arznei verwendet werde. Dieser Arzt berichtete jedoch, daß einer seiner namhaften Kollegen großen Erfolg mit diesem Trank habe, den er seinen Patienten verschreibe, ungeachtet seines adstringierenden und unangenehmen Geschmacks. Außerdem berichtete er, daß die Anhänger dieses Getränks es aufgrund seiner erfrischenden und nicht berauschenden Wirkung schätzen. Worauf der Bürger erwiderte, diese Rezeptur erscheine ihm nicht gut, da man weder die Menge noch die Eigenschaften seiner Zutaten kenne und die gelehrten Ärzte mit Galien übereinstimmten, daß man nur ungemahlenen, niemals gemahlenen Pfeffer verwenden dürfe, da er nicht nur den Magen, sondern auch die Leber oder andere Organe zu sehr erhitzen könne. Aus diesem Grunde verschrieben die Ärzte auch niemals heißes und aromatisiertes Wasser wie etwa Zimtwasser, außer nach vorheriger Destillation im Wasserbad.

1687 schrieb de Blégny, er sei nunmehr davon überzeugt, daß Schokolade die Fähigkeit habe, einen kalten Magen zu erwärmen und einen zu heißen Magen zu erfrischen, eine Eigenschaft, die warmen Substanzen eigen sei.

Ein paar Monate später stellte er die Scholastiker und andere Autoren in Frage, die die ureigene Qualität der Schokolade nicht anerkennen wollten.

Die endlosen Diskussionen gingen immer weiter, wobei man mal zu dem einen, mal zu dem anderen Schluß gelangte. 1705 entwarf Duncan ein apokalyptisches Bild der durch Schokolade verursachten Komplikationen und 1751 wurde in der „Encyclopédie" von Diderot und d'Alambert ein Rezept vorgeschlagen, das die Unschädlichkeit der Schokolade garantierte:

„ - *4 Eßlöffel Kakao*
- *2 Eßlöffel Zucker*
- *3 Messerspitzen Zimt*
- *ein Ei*

Dazu wird Wasser oder Milch gegeben und im Wasserbad erhitzt. Am Schluß fügt man einen Tropfen Orangenblütenwasser und zwei Tropfen Amberessenz hinzu. So zubereitet, ist das Getränk so warm, daß man es jederzeit bedenkenlos zu sich nehmen kann."

Häufigkeit des Gebrauchs

Es ist klar, daß die Ärzte in der damaligen Zeit einige Schwierigkeiten hatten, die Häufigkeit des Gebrauchs festzulegen, da sie sich gewöhnlich mit den Heilwirkungen der Pflanzen befaßten. Doch der zu Schokolade verarbeitete Kakao wurde als Lebensmittel betrachtet, das zudem wegen seiner geschmacklichen Qualitäten sehr geschätzt war.

Dennoch sahen es die Ärzte als ihre Pflicht an, eine genaue Dosierung für die Schokolade vorzuschreiben, die sie nur unter therapeutischem Aspekt betrachteten. Daher versuchten sie eine klare Stellungnahme zur wirklichen Natur der Schokolade zu umgehen und unterschieden mehr oder weniger deutlich zwischen medizinischer Schokolade und dem Lebensmittel Schokolade, das anders verwendet wurde.

Die Heilwirkung der Schokolade war natürlich umstritten. Manche empfahlen, sie auf nüchternen Magen zu sich zu nehmen, um den Magen nicht zu überlasten und ihre belebende Wirkung zu nutzen. Andere rieten dagegen dazu, sie nach dem Essen einzunehmen, um die Verdauung zu fördern.

Labat machte den klügsten Vorschlag:

„Die Schokolade ist der Arbeit förderlich, wenn man sie auf nüchternen Magen nimmt, nach dem Essen hilft sie bei der Verdauung."

„Le Marchand Coco" (Der Kakaoverkäufer),
wie man ihn in Paris des 18. Jahrhunderts sehen konnte.
Französischer Kupferstich, veröffentlicht 1774 in „Cris de Paris".

Übermäßiger Genuß

Auch für die Schokolade gilt die alte Regel *„allzu viel ist ungesund"*. Obgleich ihre therapeutische Wirkung nicht genau bewiesen werden konnte, geht doch aus den verschiedenen Abhandlungen und Dissertationen klar hervor, daß die Schokolade zweifellos besondere Heilkraft besitzt, vorausgesetzt sie wird mit Maßen und Vorsicht eingenommen. Die Ärzte schenkten dieser Frage besondere Beachtung und befanden in seltener Einmütigkeit, daß der übermäßige Verzehr von Schokolade wenn nicht gefährlich, so doch schädlich sei.

Marradon glaubte, übermäßiger Schokoladenverzehr könne eine schier unendliche Zahl von Krankheiten auslösen, wie Onanismus und Verfärbung der Hautfarbe, um nur einige zu nennen.

Dufour widerum meinte, wer zuviel Kakao trinke, leide unter einer Verstopfung der kleinen Venen der Leber, verursacht durch die Fettbestandteile der Schokolade. Er empfahl daher, den Gebrauch im Winter auf fünf bis sechs Unzen zu beschränken und im Sommer Zichorien- oder Rhabarberwasser zu verwenden. Außerdem erklärte er, man könne bis Mai regelmäßig Schokolade zu sich nehmen, vorausgesetzt es ist nicht zu warm. Bei großer Hitze sollte man allerdings keine Schokolade trinken. In jedem Fall empfahl er, Maß zu halten und führte einen Fall von übermäßigem Schokoladenverzehr an, an dem die betreffende Person gestorben sei. Bei der Autopsie entdeckte man nämlich in ihrer Gallenblase rund zwanzig Gallensteine, was, wie er hinzufügte, nichts an den Vorzügen der Schokolade ändere, sondern nur zu maßvollem Gebrauch ermahne.

Duncan pflichtete ihm bei und erklärte, maßvolles Trinken könne bei bestimmten Krankheiten die ärztliche Behandlung unterstützen. Er verglich es mit dem Gebrauch eines Messers, das je nachdem, von wem es angefaßt werde, sehr nützlich oder außerordentlich gefährlich sein könne. *„Die besten Arzneien können bei schlechtem Gebrauch zu Gift werden."* Der Geschmack der Schokolade, der zunächst nicht sehr angenehm gewesen sei, habe sich durch die Zugabe von Zucker deutlich verbessert, was zu übermäßigem Genuß und somit zu der bekannten Zügellosigkeit geführt habe.

Hecquet moralisierte stärker und empfahl, Maßlosigkeit und Ausschweifungen sowie jede Sinnenlust zu bekämpfen.

Labat zog den Schluß, man solle Schokolade mit Maßen genießen und *„seine Konstitution, sein Alter, seine Bedürfnisse, seine Kraft und seine Arbeit berücksichtigen"*.

Eventuelle Komplikationen

Wenngleich Maßlosigkeit einhellig verurteilt wurde, war es doch ungleich schwieriger, die mit dem Verzehr von Schokolade verbundenen Komplikationen zu bestimmen. Einzige Übereinstimmung in den verschiedenen Abhandlungen ist die Entdeckung, daß die Schokolade zu einem Großteil für Verstopfung verantwortlich ist.

In diesem Zusammenhang bestätigte Marradon, daß die meisten Fälle von Verstopfung und Wassersucht in Westindien auf die *„feste und kalte Beschaffenheit"* der Schokolade zurückzuführen sei. Moreau bestritt dies und meinte, wenn die Leber durch den Verzehr von Schokolade tatsächlich verstopft sei, würde das zu einer Gewichtsabnahme führen, was der allgemein anerkannten Tatsache widersprach, daß Schokolade eine Gewichtszunahme bewirken würde. Dufour betonte dagegen mehr die Beschwerden aufgrund von Verstopfung durch übermäßigen Schokoladenverzehr. Er stellte fest, daß die festen Bestandteile der Schokolade dazu beitragen, die Venen, durch die die Nahrung ins Blut gelangt, mit zähem und klebrigem Körpersaft zu verstopfen, weshalb Betroffene Schokolade besser meiden sollten.

Die damalige Auffassung der Ärzte von der Verdauung mag uns heute ganz und gar unsinnig erscheinen. Sie nahmen in der Tat an, daß die Nahrung im Magen gekocht würde und danach direkt ins Blut und von da aus in die Leber gelange. Daraus folgerten sie, daß die Schokolade, von Natur aus dick und zähflüssig, die Blutgefäße und Lebergänge verstopfen müsse.

1772 ging Navier ganz besonders auf die Verdauungsbeschwerden ein, die Schokolade bei Menschen mit empfindlichem Magen hervorrufe, bei denen sie zu Völlegefühl oder einer zu raschen Einleitung in den Dickdarm führe – und dort Blähungen verursache. Diese unliebsamen Begleiterscheinungen waren seiner Ansicht nach auf die Fettbestandteile der Schokolade zurückzuführen, die für eine Stauung an den Ausgängen der Venen sorgten und die Mesenteriumdrüsen verstopften. Für diese Folgen, die besonders häufig bei Melancholikern auftreten, deren Venen das Fett leichter binden, sei insbesondere der lange Transportweg von Amerika bis Europa verantwortlich. In dieser Zeit würden sich die Fettbestandteile des Kakao verhärten und so die Verdauung im Magen erschweren.

Gegenanzeigen

Da die Schokolade eine ganze Reihe von Komplikationen hervorrief, galt es nun zu bestimmen, in welchen Fällen sie nicht angezeigt war. Dieses neue Problem gab zu zahlreichen Kontroversen Anlaß.

1710 bedauerte Andry die allgemeine Ansicht, wonach Schokolade unterschiedslos von jedem vertragen werde, hatte er doch wiederholt festgestellt, daß sie bei jungen Menschen zur Erhitzung führe, blutarmen jungen Mädchen schade und Menschen mit cholerischem Temperament nicht wohl bekomme.

De Caylus meinte ebenfalls, Schokolade dürfe nicht oft und nicht regelmäßig verzehrt werden, insbesondere nicht bei starker Beleibtheit, ausschweifendem Lebenswandel oder häufigem Sitzen. Geoffroy behauptete, man müsse sie verbieten für Hypochonder und Menschen *„mit heißen Gedärmen"*, denn das Kakaofett ströme aus und erhitze sich in ihren Venen. Diderot empfahl auch jungen Menschen mit hitzigem und cholerischem Temperament, Schokolade zu meiden oder zumindest mit Vorsicht zu genießen.

Da Schokolade für heißes und cholerisches Temperament nicht angeraten war, galt es nun, den medizinischen Anwendungsbereich festzustellen.

Kapitel II

DIE ANWENDUNG IN DER MEDIZIN

Krankheiten, die mit Schokolade behandelt wurden

Die Schokolade war zunächst Apothekerware und kostete „Apothekerpreise". In „Apothekertaxen" wird sie seit 1640 nachgewiesen. In diesem Jahr erschien sie in der Taxe der Ratsapotheke in Braunschweig: Scocculata Indica ein Pfund = 4 Gulden. Dann ist sie zu finden 1656 in Hessen-Kassel, 1669 in Leipzig, 1682 in Celle, 1694 in der Mark Brandenburg. 1704 in der Kgl. Preußischen Taxe: Succolade 1 Loth = zwei Groschen, 1714 in Onolzbach, 1717 in Strehlen: Choccolata indica, Succolada 1 Quentchen = drei Groschen. Es fallen die Preise auf, die für die heutige Zeit sehr hoch sein würden und es für die damalige um so mehr waren. Das häufige Auftreten in Apothekertaxen und die hohen Preise zeigen, daß die Verwendung als Arzneimittel oder als Stärkungsmittel häufig war.

Nach Angaben der Ärzte im 17. Jahrhundert wirkten sich die wohltuenden Eigenschaften der Schokolade bei vielerlei Beschwerden mehr oder weniger stark aus. Deshalb wollen wir die verschiedenen Standpunkte zusammenfassen:

- **Verdauungsstörungen**

Dufour empfahl Schokolade wegen ihrer magenstärkenden Wirkung für Personen, die aufgrund von Durchfall oder Blähungen einen geschwächten Magen hatten. De Blégny machte eine Einschränkung bei Beschwerden aufgrund einer *„Ansammlung von Speisesaft, Schleim oder anderen fauligen Säften, die im Magen schwimmen und den Appetit verderben"*. Duncan befaßte sich eingehend mit dem Problem, insbesondere mit der Einwirkung von Wärme auf die Nahrung, was seiner Ansicht nach nur schädlich sein könne.

De Caylus dagegen hatte mehr Lob für den Kakao übrig. Außerdem ist seine Ansicht besonders interessant, da sie die unterschiedlichen Standpunkte der Ärzteschaft widerspiegelt. Obschon der Kakao allgemein als nahrhaft und leicht verdaulich gilt, gehen die Meinungen beim Verdauungsprozeß auseinander. Die einen glauben, die Verdauung geschehe durch Fermentation, die anderen, sie erfolge durch Zerkleinern der Nahrung. De Caylus dagegen war der Ansicht, die Verdauung würde beide Vorgänge beinhalten.

Man findet auch einige Hinweise auf mögliche Leberkomplikationen. So schreibt Duncan: „*Die Schokolade ist die Mutter der Gallenfieber. Sie erhitzt die Galle und verbrennt die Leber. Ich habe eine Leber gesehen, die so ausgetrocknet war, daß sie bröckelig wurde...*“ Dagegen glaubte Navier, daß gute Schokolade bei gewohnheitsmäßigem Gebrauch den Stuhl gelblich verfärbe, was beweise, daß die Gallengänge aktiviert und die Entleerung bitterer und schleimiger Säfte in den Zwölffingerdarm gefördert würden.

- **Lungenkrankheiten**

Sie waren vor allem auf Tuberkulose, damals Schwindsucht genannt, zurückzuführen. Eine ihrer Begleiterscheinungen war das hektische Fieber. Der Koch-Bazillus war als wirkliche Ursache der Tuberkulose noch nicht bekannt. Da es bei längerer Erkrankung zu einer charakteristischen Gewichtsabnahme kam, wurde jeder, der stark abgenommen hatte und an Auszehrung litt, sofort als „schwindsüchtig“ bezeichnet, auch wenn er nicht an Tuberkulose litt.

Damals beschäftigte man sich eingehend mit den möglichen therapeutischen Wirkungen der Schokolade bei Erkrankungen der Atemwege.

De Blégny versicherte, die Schokolade sei sehr gut bei Fieber, Lungenentzündung, starkem Husten und blutigem Auswurf. Er empfahl, in diesen Fällen Schokolade mit kurz aufgekochter Magermilch zuzubereiten, um das Blut zu besänftigen und zu verdicken. Bei Schnupfen oder Rippenfellentzündung riet er zu Vanilleschokolade, die mehrmals täglich einzunehmen sei, insbesondere abends vor dem Schlafengehen, um die Entzündungen im Rachen- und Brustfellraum, die mit Hustenreiz einhergehen, zu beruhigen.

Lemery teilte diese Ansicht umso mehr, als er der Meinung war, daß die balsamischen und öligen Substanzen der Schokolade den Schwindsüchtigen helfen, indem sie die bitteren Säfte in ihnen abschwächen.

Auch Navier glaubte, Schokolade sei wohltuend bei Schwindsucht, Katarrh und Skorbut, wobei er hinzufügte, die Schokolade enthalte auch ein wichtiges Salz mit antiseptischer und fäulnisverhütender Wirkung.

Buc'Hoz lobte sie wegen ihrer beruhigenden Wirkung und ihrer cremigen Beschaffenheit als ausgezeichnetes Heilmittel, das bei allen Entzündungen des Rachens und der Luftröhre helfe. Er empfahl, die Schokolade im Mund zergehen zu lassen. Außerdem sollte man gute Schokoladenmasse in Schnaps kochen, wodurch man einen Likör erhalte, dessen leichtes Öl bei der Behandlung von Rippenfellentzündung oder Schwindsucht wahre Wunder wirke.

• **Pulsschwankungen und verschiedene Arten von Fieber**

Diese Beschwerden und ihre Symptome wurden genau untersucht. Navier und Dufour waren der Ansicht, daß Kakao sich auf den Pulsschlag nur vorteilhaft auswirken könne. Dagegen gibt es keinen Hinweis darauf, ob Schokolade bei Infektionskrankheiten wie Pocken und Sumpffieber, Frieselfieber oder Pest verschrieben wurde, die um 1720 noch in Frankreich grassierte.

Buc'Hoz glaubte, daß viele scheinbar unheilbare Patienten hätten geheilt werden können, wenn sie sich unter der klugen und vorsichtigen Anleitung eines fachkundigen Arztes dieser Behandlung unterzogen hätten.

• **Herz- und Kreislauferkrankungen**

Bei der Behandlung dieser Krankheiten spielte die Schokolade eine ziemlich wichtige Rolle. Manche glaubten, sie wirke gegen Herzklopfen, da sie sich unmerklich mit dem Blut verbinde. Andere hielten dagegen, der Genuß von Schokolade könne sich als verheerend erweisen, wie etwa Andry, der glaubte, daß die Arzneimittel, mit denen sie zubereitet wird, aufsteigende Öle und Riechsalz enthalten, die zur Gärung im Blut führen.

• **Skorbut**

Im 18. Jahrhundert war Skorbut eine gefährliche Plage, die viele Opfer forderte. Man wußte noch nicht, daß es sich dabei um einen Mangel an Vitamin C handelt, obschon manche bemerkt hatten, daß man die Krankheit durch viel Obst unter Kontrolle bringen konnte. Trotz der verschiedenen Theorien, wonach Schokolade zur Skorbutbehandlung eingesetzt werden soll, blieb sie ohne Wirkung – was nicht weiter erstaunt, da sie ja bekanntlich kein Vitamin C enthält.

• **Nervöse Störungen**

Man glaubte, daß Schokolade bei bestimmten nervösen Störungen von großer Hilfe sei.

Andere dagegen glaubten, Schokolde habe beunruhigende psychische Folgen.

Doch die meisten waren der Ansicht, die Schokolde wirke sich insgesamt positiv auf das Nervensystem aus, fördere einen guten Schlaf, befreie von Melancholie oder gebe dem Körper Energie und Lebenskraft.

• Frauenkrankheiten

Den Frauenkrankheiten, insbesondere der Sterilität, galt schon immer besondere Aufmerksamkeit. Die Ansichten gingen auch hier auseinander und niemand wußte eine schlüssige Lösung anzubieten. So behauptete etwa Andry: *„Eine Frau, die Schokolade zu sich nahm, schien verjüngt und schenkte ihrem Gatten ein Kind in einem Alter, wo es von Natur aus normalerweise nicht mehr möglich ist"*, oder aber Duncan, der ein paar Jahre vorher versichert hatte:

„Für die Sterilität der Frauen ist der übliche Grund übermäßige Hitze. Man täuscht sich, wenn man glaubt, die Fruchtbarkeit durch Schokolade erhöhen zu können."

Von ihrem Mexikoabenteuer brachten Christoph Kolumbus und seine Gefährten neben sagenhaften Schätzen und Kakao auch eine äußerst ansteckende Krankheit mit, die Syphilis. Da war es nur mehr als gerecht, daß die Schokolade eine aktive Rolle bei der Bekämpfung von Geschlechtskrankheiten spielte.

De Blégny erfand daher eine antivenerische Schokolade. Davon ausgehend, daß die Schokolade herzstärkende Wirkung besitzt und die Natur bei der Bekämpfung von Giften unterstützt, zu denen auch die Geschlechtskrankheiten zählen, ersann er eine Schokolade auf der Grundlage von Markasit, die seiner Ansicht nach die Krankheit in weniger als einem Monat heile. Die Entdeckung de Blégnys war allerdings nicht so bedeutsam wie ihr Erfinder behauptete, denn sie geriet in Vergessenheit und wurde erst zweihundert Jahre später wiederentdeckt.

• Altern

Die anregende Wirkung der Schokolade ist unumstritten. Sie zu einem Jungbrunnen zu machen, war daher nur eine Kleinigkeit für De Caylus und Navier. So behauptete de Caylus, die Schokolade sei geeignet, die Gesundheit zu erhalten und das Leben alter Menschen zu verlängern:

„Bevor man den Kakao in Europa kannte, nannte man einen guten alten Wein ‚Milch der alten Leute', doch dieser Spitzname gilt noch mehr für die Schokolade, seit sie allgemein verbreitet ist.[...].

Auf Martinique starb ein Berater, der über 100 Jahre alt war und seit dreißig Jahren nur von Schokolade und ein paar Keksen lebte. Manchmal ließ er sich Suppe zum Abendessen reichen, doch niemals Fleisch, Fisch oder ein anderes Lebensmittel. Und doch war er so kräftig und so rüstig, daß er mit achtzig Jahren noch ohne Steigbügel aufs Pferd stieg."

1825 hielt Boutigny die Schokolade eher für ein Nahrungsmittel als für eine Arznei und empfahl, Maß zu halten, wobei er sich jedoch heftig auflehnte gegen alle, die ihr sämtliche Übel zuschrieben. In diesem Zusammenhang nannte er die Spanier als Beispiel, denen es trotz Schokolade sehr gut ging. Äußerst reich an Fett und Kohlenhydraten, besitzt die Schokolade vor allem einen hohen Nährwert, der dem Organismus sehr zugute kommt.

Brillat-Savarin teilt in seiner berühmten Abhandlung über die „*Physiologie du goût*" diese Auffassung vorbehaltlos und fügt hinzu, daß die Schokolade neben ihrem Nährwert keine unliebsamen Nebenwirkungen wie Kaffee besitzt. Als Stärkungs- und Anregungsmittel ist sie hervorragend geeignet für alle, die geistige Arbeit leisten. Außerdem wird sie gut verdaut von Menschen mit chronischen Krankheiten oder Schließmuskelproblemen.

Um seinen Standpunkt zu untermauern, führte Brillat-Savarin eine Reihe von Experimenten bei Frauen durch, die „*stets sehr zufrieden waren und für den Professor nur lobende Worte fanden*". Er untersuchte auch die Eigenschaften der Amberschokolade, deren wohltuende Wirkung er hervorhob:

„- *Jedermann, der zu tief ins Glas geblickt,*
- *jedermann, der einen Großteil der Nacht mit Arbeit statt mit Schlaf verbracht,*
- *jedermann, den sein Verstand bisweilen im Stich läßt,*
- *jedermann, der die Luft feucht, die Zeit lang und das Klima schwer zu ertragen meint,*
- *jedermann, der von einer fixen Idee besessen ist, die sein Denken beherrscht,*

all jene sollen einen guten halben Liter Amberschokolade trinken, 60 bis 72 Kakaobohnen auf ein halbes Kilo, sie wird Wunder wirken!

Ich nenne die Amberschokolade: ‚die Schokolade der Traurigen'."

1845 drückt Saint-Arroman es traditioneller und vor allem differenzierter aus. Er gibt zu, daß Schokolade nahrhaft ist und für robuste Mägen von Nutzen sein kann, da sie jedoch schwer verdaulich sei, sollte man bei einem empfindlichen Magen darauf verzichten. Außerdem empfiehlt er, nach dem Verzehr auf jeden Fall ein Glas Wasser zu trinken. Zudem warnt er vor den Nebenwirkungen auf das Gehirn, da der Genuß von Schokolade in manchen Fällen, insbesondere bei schwacher Konstitution, zu Benommenheit und Augenflimmern führen kann.

1854 kam es nach dem Verzehr von Schokolade zu einer schweren Massenvergiftung, da Kakaobohnen verwendet wurden, die auf dem Transport durch ein Leck im Schiff mit einer Ladung Tabak in Berührung kamen.

Trotz dieses Vorfalls, der den Siegeszug der Schokolade hätte aufhalten und das gegnerische Lager stärken können, gab es viele, die im Gegenteil ihre Vorzüge lobten und ihre Eigenschaften beschrieben.

So empfahl 1860 Dr. Roques Schokolade als krampflösendes Mittel, was auch von Delafontaine und Dettwiller unterstützt wurde, als sie feststellten, daß sie bei heftigen Zuckungen helfe und das manchmal zu gereizte Nervensystem beruhige. Sie hielten ebenfalls fest, daß sie teilweise die Probleme der Unterernährung lindere:

„Die Schwindsucht, Skrofulosen und Hautkrankheiten, die die Bevölkerung dezimieren und die Spitäler füllen, sind auf Mangelerscheinungen in der Kindheit, aufgrund ungenügender oder minderwertiger Ernährung zurückzuführen. Der Tag, an dem der Arme sich Schokolade als gewöhnliches Nahrungsmittel leisten kann, wird ein Glückstag sein und die kräftige Jugend fortan vor Auszehrung schützen!“

Die Brüder Pelletier waren ebenfalls begeistert von der Wirkung der Schokolade bei allen Arten von Erschöpfungen, ob durch Übermaß, Mangel oder Leiden.

In diesem Zusammenhang wurde die Schokolade besonders für junge Mädchen empfohlen, die gerade den Kinderschuhen entwachsen waren, damit sich ihre Figur harmonisch entwickeln kann, ihre Formen anmutiger werden und sich besser ausprägen. Hier stimmen die Beschreibungen der Wissenschaft mit dem orientalischen Schönheitsideal überein.

1864 erklärt Debay in seiner Studie über *„Les influences du chocolat sur l'économie humaine“*, daß die Schokolade ein vollwertiges Nahrungsmittel mit Heilwirkung sei, insbesondere bei Verdauungsbeschwerden, schwieriger Genesung oder bei Schlappheit, wenn die Kraft nicht wiederkehren will. Zur Untermauerung seiner Theorie zitiert er Broussais, der versichert, daß die Schokolade *„Fieber bekämpft, den Kranken heilt und ihn wieder gesund macht“* und Happeland, Arzt des preußischen Königs, der *„gute Schokolade für nervöse, reizbare und gewalttätige Menschen empfiehlt. Doch auch für alle, die müde und hinfällig sind, für ausgemergelte Kinder und alte Menschen. Denn diese Nahrung stärkt den geschädigten Körper, besonders wenn sie mit Milch zubereitet wird“.* 1864 führt Forest erstmals einen ernährungswissenschaftlichen Ansatz auf biochemischer Grundlage ein. Er zeigt, daß Schokolade, reich an Proteinen, Kohlenhydraten und Fett, die Wiederherstellung und das Wachstum des Gewebes fördert und dem Körper die notwendige Energie liefert.

1865 empfehlen die Brüder Pelletier in ihrem „Essai historique, gastronomique et physiologique sur le chocolat“, sie zu Beginn des Tages einzunehmen, wenn der Magen noch träge vom Schlafen ist und *„die sanfte,* *leichte und kräftigende Wirkung der Schokolade benötigt"*. Höchste, wenn auch späte Ehre wird der Schokolade 1866 zuteil, als sie ins französische Arzneibuch aufgenommen und damit als Medikament anerkannt wird. 1870 vertreten Rambuteau und Parville ebenfalls die Ansicht, daß Kakao bei Mangelernährung nützlich sei und empfehlen ihn in gleichem Maße wie Alkohol oder guten Wein.

1893 steht der Van Houten- Kakao im Mittelpunkt eines Expertenstreits. Professor Van T'Hoff veröffentlicht in diesem Zusammenhang einen offenen Brief, in dem er zwei grundlegende Fragen aufwirft.

Zum einen, enthält der Van Houten- Kakao gesundheitsschädliche Substanzen?

Zum anderen, ist er ein Lebensmittel wie Brot, Milch oder Fleisch, ein Stärkungsmittel oder ein Genußmittel wie Kaffee, Tee oder Alkohol?

Die Antwort gab Armand Gautier:

„100 g Kakao liefern 2,74 g Pottasche, eine Tasse enthält 0,164 g, in dieser Menge bringt er eher Nutzen als Schaden.

Zu der zweiten Frage:

- *er wird nie im Naturzustand genossen, sondern stets als Aufguß, nachdem die Zutaten durch Hitzeeinwirkung verändert wurden,*
- *er ist sehr reich an adstringierenden und stärkenden Substanzen,*
- *alle Arten entwickeln durch Hitze ein besonderes, sehr angenehmes Aroma, das die Verdauung anregt,*
- *er enthält ein oder mehrere Alkaloide, die dem Koffein und dem Theobromin verwandt sind und Muskelgewebe und Herz stärken können.*

Im übrigen wird dieses Pseudo- Nahrungsmittel vor allem geschätzt wegen der anregenden und belebenden Wirkung des besonderen Aromas und der Alkaloide bei körperlicher und geistiger Erschöpfung. Der Grund für seine allgemeine Beliebtheit ist die wertvolle Fähigkeit, mit dem Nahrungsaustausch und der tierischen Wärme schonend umzugehen, die Muskeln zu kräftigen und uns widerstandsfähiger gegen körperliche und geistige Erschöpfung zu machen. Es handelt sich somit um ein Genußmittel und ein besonderes Anregungsmittel."

Erst 1930 wurden die Beweisführungen, Diskussionen und andere erheiternde, aber vor allem unklare Proteste durch einen strengen, wissenschaftlichen und theoretisch begründeten Diskurs abgelöst.

Schokolade als Medizin

Im 19. Jahrhundert wandten sich die Kakao- und Schokoladenfabrikanten
an die Wissenschaft. Hier war der Engländer Richard Cadbury führend.
Die Wissenschaftler bestätigten den hohen Nährwert der Kakaoprodukte. Die Industrie machte
sich die positive Einstellung der Ernährungswissenschaftler auch in der Werbung zunutze.
Diese Anzeige wurde im „Punch" in London am 4. Februar 1893 veröffentlicht.

Bereits 1720 hatte de Caylus angeregt, Medikamente oder andere Heilmittel in angenehmerer Form und mit besserem Geschmack anzubieten, um die Sorgen der Kranken nicht noch unnötig durch Abscheu und Ekel zu erschweren. Die Idee, die Einnahme von Medikamenten mit wohlschmeckender Nahrung zu verbinden, konnte dank der Schokolade hervorragend umgesetzt werden. Die Versuche von de Caylus waren ein voller Erfolg. So schlug er als Abführmittel eine Mischung aus 20 bis 25 Jalapekörnern vor, die man zu Pulver stampft und zusammen mit Zimt in einer Tasse Schokolade trinkt. Bei Medikamenten auf der Grundlage von Chinarinde empfahl er, eine Drachme Chinarinde mit Zimt zu mischen und mit Schokolade einzunehmen. Für Arzneizubereitungen mit Eisenfeilspänen, die unverdünnt eingenommen schwer im Magen liegen und unangenehme Nebenwirkungen verursachen, empfahl er, die Eisenfeilspäne zu Pulver zu mahlen und nach der obengenannten Methode einzunehmen. Dieses Verfahren sollte man auch bei nicht sehr appetitlichen Heilmitteln anwenden wie Pulver von Schlangen, Erdwürmern, Leber, Aalen oder Asseln.

Die Idee geriet in Vergessenheit, wurde aber 1812 von Buc'Hoz wiederaufgegriffen, der zum Wohle der Menschheit und zur Erleichterung der Kranken eine Verbesserung der Darbietungsform und des Geschmacks der Medikamente für wünschenswert hielt.

Doch die Geschmacksverbesserung von Arzneimitteln durch Schokolade war nicht sehr verbreitet, da dafür ein ärztliches Rezept notwendig war. Die Schokoladenhersteller, vor allem aber die Apotheker erkannten darin phantastische Absatzmöglichkeiten und entwickelten gebrauchsfertige medizinische Schokolade in Form von Tafeln, die ohne ärztliche Verordnung in ihrem Geschäft gekauft werden konnten.

So entstand eine unglaubliche Vielzahl von Schokoladensorten zur Behandlung von Müdigkeit, Blutarmut, Verstopfung, Husten, Wurmkrankheiten und Syphilis, um nur einige Störungen zu nennen.

Gegen Müdigkeit:

- die Amber-Schokolade, die sogenannte Schokolade „der Traurigen"
- die anregende Schokolade mit persischem Salep
- die eisenhaltige Schokolade gegen Kraftlosigkeit
- die stärkende Schokolade
- die anregende Schokolade mit Gluten
- die jod- und eisenhaltige Schokolade
- die doppelt nahrhafte Schokolade mit Hühnerbrühe
- die verdauungsfördernde Schokolade

- die Teerschokolade
- die Rousseau-Schokolade mit frischem Rinderpulver
- die Gesundheitsschokolade mit Hafer
- die Schokolade mit Albumin
- die Schokolade mit rohem Fleisch

Zur Stärkung des Magens:

- die magenstärkende Schokolade mit Katechu-Extrakt
- die Verdauungsschokolade mit Vichy-Salzen
- die magenstärkende Schokolade mit Chinarinde

Gegen Verstopfung:

- die Abführ-Schokolade von Montpellier und von Charles
- die Abführ-Schokolade mit Magnesia und eventuell Mannit

Gegen Lungenkrankheiten:

- die Schokolade für Brust und Magen mit Osmazom
- die nährstoffreiche Anti-Husten-Schokolade
- die Schokolade mit Isländischem Moos
- die Anti-Husten-Schokolade mit Tolu-Balsam
- die Gesundheitsschokolade für Schwindsüchtige und Asthmatiker

Zur Beruhigung der Nerven:

- die krampflösende Schokolade mit Orangenblüte
- die beruhigende Schokolade mit Mandelmilch

Zur Wurmbehandlung:

- die Entwurmungsschokolade mit Santonin
- die Entwurmungs- oder Beruhigungsschokolade von Vandamme
- die Entwurmungs-Schokolade mit Krotonöl

Zur Fiebersenkung:

- die enzündungshemmende Schokolade
- die stärkende und fiebersenkende Schokolade

Zur Syphilis-Behandlung:

- die Anti-Syphilis-Schokolade mit Sublimat

Zur Herzstärkung:

- die Fingerhut-Schokolade

sowie zahlreiche weitere Schokoladenzubereitungen, deren genaue Indikationen im Laufe der Zeit verlorengegangen sind. So findet man:

- Kermesschokolade
- Schokolade mit Ammoniaknitrat
- Sago-Schokolade
- Tapioka-Schokolade
- Pfeilwurz-Schokolade.

Bevor wir die Aufzählung fortsetzen, wollen wir uns eingehender mit einigen Schokoladenrezepten befassen, über die in Informations- und Werbebroschüren, die oft von Herstellern verteilt wurden, ausführlich berichtet wird.

Die Abführ-Schokolade mit Magnesia bestehend aus einem Drittel Kakao, einem Drittel Zucker und einem Drittel Magnesia. Sie wurde 1846 in Form von 30 g-Tafeln von je 4 Portionen vertrieben. Doktor Louis Courraut versicherte, diese Schokolade sei zweifelsfrei von hohem Nutzen und werde inzwischen von den besten Ärzten empfohlen, um sich der Nahrungsrückstände zu entledigen, mit denen der Verdauungstrakt oft nicht allein fertig werde. Der Vorteil der Débrière-Schokolade bestehe darin, daß Magnesia den Geschmack keineswegs verändere und daher Frauen, Kindern und Kranken verschrieben werden könne. Doktor Courraut hebt außerdem hervor, daß man mit dieser heilsamen Schokolade keine besondere Diät befolgen muß, es jedoch vorteilhaft sei, sie am Morgen vor einem Getränk wie Suppe, Tee, Schokolade oder Milchkaffee einzunehmen.

Als allgemeine Indikationen der Magnesia-Schokolade wurden angegeben:

- Vertreibung von Kopf- und Ohrenschmerzen, bei Augenentzündungen, Erkrankungen des Kehlkopfs, der Bronchien und Lungen, bei Erkältung mit Husten und Kopfweh, bei akutem und chronischem Katarrh und zur Behandlung bestimmter Arten von Verstopfung;
- für Wöchnerinnen, die ihr Kind nicht selbst stillen;
- zur Verdauungsförderung, Bekämpfung von Infektionen mit Schleimbildung, Behandlung von Sodbrennen, das bei Schwangeren, Kindern und Ammen häufig vorkommt;

- als Ersatz für Zugpflaster und bei der Behandlung von Geschwüren;
- gegen Hautkrankheiten und Speichelfluß;
- zur Bekämpfung von Fettleibigkeit durch wiederholte Einnahme von Abführmitteln.

Die Schokolade für Brust und Magen mit Osmazom: Osmazom findet sich in der Natur in den Muskeln erwachsener weißfleischiger Tiere. Man gewinnt es durch Alkohol, von dem es später durch Verdampfung getrennt wird. Es handelt sich um einen bräunlichen Extrakt aus Sodalaktat und tierischen Stoffen, der heilende und stärkende Wirkung hat.

Die Osmazom-Schokolade wirkt entschlackend, erleichtert die Arbeit der Organe und ermöglicht den harmonischen Abfluß der Galle. Personen, die andere Schokolade nur schwer verdauen, preisen sie, weil sie nie verstopft. Ihre stärkende Wirkung und ihr Schmelz machen sie zu einer wohltuenden Medizin für Asthmatiker und bei Katarrh. Aufgrund dieser wertvollen Eigenschaft wird sie in Holland auch Anti-Katarrh-Schokolade genannt. Bei Bleichsucht und Scheidenausfluß stärkt sie die geschwächten Organe und hilft da, wo jede andere Behandlung wirkungslos geblieben ist. Es wird berichtet, daß sie Schwindsüchtigen im Anfangsstadium, die aufgrund von hartnäckigem Husten erschöpft waren und weder Ruhe noch Schlaf fanden, deutlich besser ging, wenn sie jeden Tag eine Tafel von dieser Schokolade aßen. Ob trocken, in Wasser gekocht oder als Creme, wird sie von allen bestens vertragen, die sonst jedes Lebensmittel erbrechen oder unter einer Stauung des Magenpförtners leiden. Die englischen Ärzte verabreichen sie täglich bei Verdauungsstörungen und blutigem Auswurf.

Die eisenhaltige Schokolade von Boutigny: Sie wurde 1847 erfunden und besteht aus 20 g Porphyr-Eisenfeilspänen auf 1 kg Schokolade. Sie war besonders geeignet für:

- Genesende,
- Personen, die durch Völlerei geschwächt sind;
- Kinder, deren Wachstum die Gesundheit beeinträchtigt;
- Menschen, deren geschwächte Verdauungsorgane allzu kräftige oder anregende Nahrung nicht gut vertragen;
- Sporttreibende oder Menschen mit anstrengender geistiger Tätigkeit.

Eine der wichtigsten Tugenden dieser Schokolade bestand darin, die Korpulenz zu fördern und alle, die eine stattliche Figur behalten wollten, vor Gewichtsverlust zu bewahren.

In der Werbebroschüre für diese Schokolade spart Professor Fourcault nicht mit Lob:

„Zu den Nahrungsmitteln, die bei Lungenschwindsucht und chronischen Krankheiten den Organismus stärken, indem sie fehlerhafte Anlagen bekämpfen, ist gerechterweise wegen ihrer guten Eigenschaften auch die eisenhaltige und kräftigende Schokolade von Monsieur Boutigny d'Evreux zu rechnen."

Ebenfalls zitiert wird ein Brief von Professor Pariset von der Königlich-Medizinischen Akademie, Mitglied des Instituts:

„Sie haben die Güte gehabt, mir Muster Ihrer Schokolade zuzusenden. Ich habe sie nicht benutzt und gestehe, daß ich unrecht hatte. Aus folgendem Grunde: Der Kakao enthält ein Öl, das ich noch nie verdauen konnte. Ich habe befürchtet, Ihre Schokolade auch nicht vertragen zu können und habe sie daher nicht angerührt. Zwei weitere Personen, die zwar die gleichen Befürchtungen hegten, haben mehr Mut gezeigt; sie haben sie eingenommen und zum ersten Mal in ihrem Leben die Schokolade wirklich genossen. Sie wurde bestens vertragen; sie befanden sie ausgezeichnet und leicht und empfehlen sie all ihren Bekannten, wie auch ich überall in gleicher Weise berichte."

Zu den anderen eisenhaltigen Schokoladen gehörte die, die 1850 von dem Pariser Apotheker Calmet-Daag entwickelt wurde. Sie wurde besonders empfohlen für Frauen mit Blutarmut und Menstruationsbeschwerden, bei Atemnot, Herzklopfen, Kopfschmerzen, Weißfluß, Verdauungsstörungen und schlechter Durchblutung in den Beinen. Sie war auch geeignet für Männer mit anfälliger Gesundheit, die unter schlechter Verdauung und häufiger Müdigkeit litten, sowie für Kinder mit schwacher Konstitution. Doch ganz besonders angezeigt war sie für junge Mädchen im heiratsfähigen Alter. Sie sollte roh oder mit Wasser oder Milch zubereitet eingenommen werden.

Die anregende Schokolade mit persischem Salep: Es handelte sich um eine Mischung aus 5 kg Kakao, 5 kg Zucker und 750 g Salep. Der Salep entstammt der Wurzel einer Pflanze aus der Familie der Orchideen. Buc'Hoz war der Ansicht, diese Mischung sei sehr hilfreich bei Tuberkulose und Schwindsucht sowie für alle, die durch Verdauungsstörungen geschwächt sind. Er pries ihre wohltuenden Eigenschaften und lobte die Schokoladenhersteller, die das seit der Erfindung von Monsieur Debauve erkannt hatten. Diese magenstärkende und nahrhafte Wurzel kräftige, ohne zu erhitzen. Buc'Hoz erwähnte auch, daß die Chinesen und Perser sie wegen ihrer aphrodisischen Wirkung verwendeten. Er betonte auch, daß sie besonders nützlich sei bei nervösen Zuckungen, Epilepsie und Krämpfen. Außerdem galt sie als schleimstoffhaltig, lindernd, beruhigend und nahrhaft, was sich als äußerst nützlich bei Koliken, Durchfall oder Ruhr erwies.

Obgleich sehr teuer, soll der persische Salep laut Buc'Hoz in Krankenhäusern große Dienste leisten, vorausgesetzt, die Apotheker beweisen mehr Aufgeschlossenheit gegenüber exotischen Produkten.

Buc'Hoz weist besonders auf die lungenkräftigenden und lindernden Eigenschaften hin und betont, daß die Salep-Schokolade sich mit den Körpersäften vermische und dadurch zur Bildung eines guten Speisesaftes beitrage, ohne den man ständig Ärger mit der Gesundheit habe.

Einige Rezepte

„Eine neue Entdeckung".
Anonymes englisches Plakat.
Chromolithographie,1890.

Nachstehend die Rezepte einiger anderer medizinischer Schokoladenarten mit Kommentaren aus der damaligen Zeit:

- **Die Verdauungsschokolade** (1841):

Marañon-Kakao 3500 g
Caracas-Kakao 2000 g
Zucker 5000 g
Zimt 94 g
Vanilletinktur 8 g

Sie ist gut bei schwachem Magen, da sie die Verdauung erleichtert.

- **Die Gesundheitsschokolade für Schwindsüchtige und Asthmatiker** (1841):

Marañon-Kakao 3500 g
Caracas-Kakao 1500 g
Zucker 6000 g
Zimt 94 g

Diese Schokolade ist leicht verdaulich, da sie reich an Zucker ist. Sie ist bestens geeignet für kränkliche Menschen und bei schwacher Konstitution.

- **Die belebende und magenstärkende Schokolade** (1841):

Kakao 5000 g
Zucker 5000 g
Kartoffelstärke 2000 g
China-Zimt 100 g

Diese Mischung hatte nicht den erhofften Erfolg und alle, die sie probiert hatten, waren ihrer überdrüssig, denn anstatt den Magen zu stärken, verursachte sie Magenschmerzen.

- **Die Abführ- und Entwurmungsschokolade**

Gesundheitsschokolade 5000 g
Alapapulver 48 g
Quecksilber-Protochlorid 31 g

Gut mischen und je nach Alter und Kraft Pillen von 4, 8 oder 12 g verabreichen. Ausgezeichnet für Kinder.

- **Die entölte Schokolade:**

Marañon-Kakao 1500 g
Caracas-Kakao 1500 g

Rösten, schälen und dreimal auf einem Stein zerstampfen. Anschließend in einen Beutel aus Drillich geben und zwischen zwei heißen Zinnplatten pressen, um die Kakaobutter herauszudrücken. Die Butter mit einer ausreichende Menge Pflanzenschleim, Salep und Gummiharz vermischen, damit die Masse gut bindet. 3000 g Zucker und 31 g Zimt zugeben.

Diese Schokolade wird von allen gut vertragen, die sonst gar keine Nahrung und keinerlei Fett verdauen können.

- **Die Schokolade mit leicht abführender Wirkung** (1864):

Marañon-Kakao 1500 g
Caracas-Kakao 1500 g
Honig 2500 g
Roggenmehl 1500 g
Hafermehl 1500 g

Sie ist erweichend, anregend und erfrischend. Sie ist kein Abführmittel, sondern ein Nahrungsmittel, dessen Nährstoffe im Blutkreislauf eine leichte Reizwirkung auf die Membran der Darmschleimhaut ausüben und so die Stuhlausscheidung sanft herbeiführen.

- **Die anregende und lungenstärkende Schokolade** (1841):

geschälter Kakao 3000 g
weißer Zucker 6000 g
Isländisches Moos 3000 g
Persischer Salep 375 g

Sie ist gut bei Mattigkeit, chronischem Katarrh, bei Schwindsucht und zur Genesung von akuten Erkrankungen. Sie wird als Pastillen von 4 g verschrieben. Man nimmt 16 bis 32 g pro Tag ein.

- **Die weiße Schokolade** (1866):

konzentrierte Caracas-Kakaotinktur 112 g
Zucker 3500 g
Tapioka 670 g
Grütze 612 g

Moospulver 112 g
Vanilletinktur 2 Schoten
destilliertes Wasser vom Kakaolikör 670 g

- **Die sogenannte „Schokolade der Gesundheit und Trinität" oder homöopathische Schokolade** (1866):

Karolinenreis 6000 g
Zichorienwurzel in Pulverform 3500 g
Mokkakaffee 1612 g
Wurzel der Iris von Florenz als Pulver 112 g
feines Milchzucker-Pulver 112 g
extrafeines Olivenöl 168 g

Diese „Schokolade" verdiene das Einschreiten der gerichtlichen Obrigkeit, so forderte Chevallier empört in seinem Werk „*Mémoire*", das 1871 in den „*Annales de l'hygiène*" veröffentlicht wurde. Es ist in der Tat erwähnenswert, daß diese Mischung nicht die kleinste Spur von Kakao enthielt.

- **Die Entwurmungs-Schokolade von Vandamme** (1892):

weiche Kakaomasse 192 g
Zucker 60 g
Krotonöl 4 g
Zimt 4 g
Kalomel 30 g

Daraus Pastillen von 2 g formen.

- **Die Schokolade gegen Geschlechtskrankheiten** (1892):

einfache Schokolade 420 g
Zucker 60 g
Perubalsam 15 g
Sublimat 0,8 g

Das Sublimat (ein Quecksilbersalz) in einer ausreichenden Menge Alkohol auflösen. Die ganzen Zutaten sorgfältig mischen und 32 Pastillen formen, die jeweils 3 cg Sublimat enthalten.

- **Die Eichel-Schokolade von Mayrhofer** (1892):

Martinique-Kakao 288 g
Zucker 256 g
geröstete und pulverisierte Eicheln 500 g

Sie ist gut bei geschwollenen Drüsen und zur Behandlung allgemeiner Mattigkeit.

1885 fand man an den Hauswänden der Städte Plakate, die für „Die Schokolade von Dr. Rolland", Apotheker in Marseille, warben. Hier der genaue Wortlaut:

„Diese stärkende Teerschokolade ist die wohltuendste Nahrung, um die Gesundheit zu erhalten und Blutarmen wieder zu Kräften zu verhelfen. Frauen, junge Mädchen, Kinder, lymphatische Greise und Genesende, die sie zum Mittagessen und zum Imbiß nehmen, werden die wunderbare Wirkung bald bemerken, denn beim Essen dieser Schokolade legen sich die Teerdämpfe auf Bronchien und Lungen und entfalten ihre wohltuende Wirkung auf die Schleimhäute. Alle, die Lebertran, Wein aus Chinarinde, Eisen, Kapseln und Pastillen hassen, werden gern die stärkende Teerschokolade einnehmen, die allen gut schmeckt."

Durand, Apotheker in Paris, meldete 1843 sechs von ihm entwickelte medizinische Schokoladenarten zum Patent an:

- *„Die stärkende Schokolade mit Eisensalz"* zu drei Francs die Schachtel wird empfohlen bei Bleichsucht und Weißfluß sowie zur Unterdrückung oder Abschwächung der Regelblutung. Man muß dreimal täglich vor dem Essen insgesamt 20 Pastillen, eventuell mit Wasser, einnehmen.
- *„Die fiebersenkende Schokolade mit Chininsulfat"* zu vier Francs die Schachtel hilft bei der Bekämpfung von Wechselfieber. Man muß vier Tage lang dreißig bis vierzig Pastillen täglich einnehmen.
- *„Die Abführschokolade"* zu drei Francs die Schachtel. Es sind zehn Pastillen morgens auf nüchternen Magen einzunehmen.
- *„Die Blutreinigungsschokolade mit Kaliumjodid"* zu drei Francs die Schachtel. Sie ist gut bei Kropf und Syphilis. Dreimal täglich insgesamt zehn bis dreißig Pastillen einnehmen.
- *„Die Entwurmungsschokolade"* zu drei Francs die Schachtel. Sie ist morgens auf nüchternen Magen einzunehmen, sechs bis zehn Pastillen für Kinder und fünfzehn bis zwanzig Pastillen für Erwachsene.

- *„Die Fingergut-Schokolade"* zu drei Francs die Schachtel. Sie ist angezeigt bei Herzklopfen und Wassersucht. Zweimal täglich insgesamt sechs bis zehn Pastillen einnehmen.

Bevor wir diese Liste abschließen, ist noch zu erwähnen, daß die erste Rezeptur für eine medizinische Schokolade 1800 in Frankreich von Doktor Meaudre, dem Chefarzt des Zentralkrankenhauses von Saint-Chaman, entwickelt wurde.

Die Erfindung eines solchen Produktes rief heftige Reaktionen hervor, was 1860 einen Journalisten zu folgenden Worten veranlaßte:

„Noch nie hat man so viele Arten von Schokolade gesehen, es ist wahrlich ein Hohn. Es gibt keine Substanz, die man nicht mit Schokolade verarbeitet hätte. Durch diesen Betrug wollte man manchen Leuten, die die mehr oder weniger unangenehmen Medikamente nur widerwillig schlucken, vorgaukeln, daß es möglich sei, die Schokolade zum Grundstoff für alle Arzneien zu machen.

Jeden Tag verkündet man neue Schokoladensorten: mit Tapioka, mit Moos, mit Chininsulfat und Pfeilwurz. Ein Hersteller setzte noch eins drauf und bot sogar eine sogenannte ‚Emmenagogum-Schokolade mit Eisenfeilspänen' an! Wenn das so weitergeht, werden bald alle Arzneimittel-Drogen zu Schokolade verarbeitet, und für jede Krankheit gibt es dann eine eigene Schokolade!"

1972 wurde das langjährige Wechselspiel zwischen Preis und Produktionsmenge jäh unterbrochen. Ausschlaggebend war das gleichzeitige Zusammentreffen der Ölkrise mit dem Wertverlust des Dollars. Der Rohkakaopreis stieg in nie gekannte Höhen!

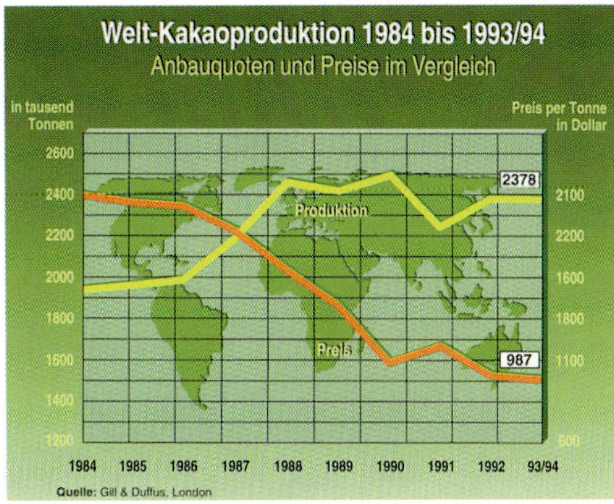

Die Exportströme von Kakaobohnen fließen in erster Linie von Afrika nach Europa. In zunehmendem Maße spielt für die europäischen Verarbeiterländer Südostasien eine wichtige Rolle.

Die Cote d'Ivoire (Elfenbeinküste) hatte bisher die absolute Spitzenstellung unter den Rohkakaolieferländern der Bundesrepublik Deutschland. Inzwischen konnte Malaysia innerhalb nur eines Jahres seine Exporte in die Bundesrepublik von 23 000 t auf 65 400 t steigern.

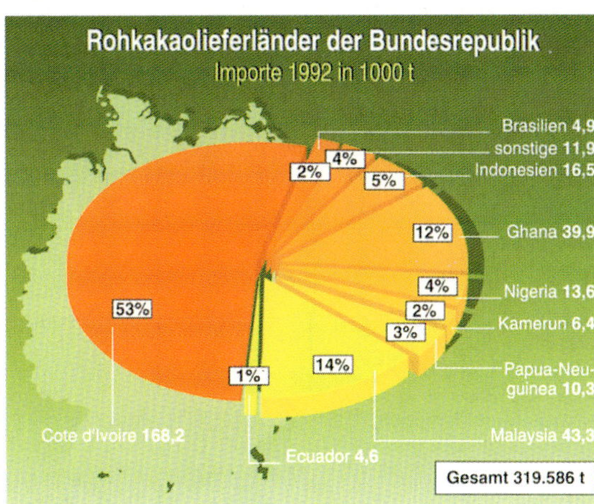

4

Der Werdegang ...

3

5

6

1

7

2

Verarbeitung

Seite 122, 123:

1 Das Vortrocknen *
2 Röstvorgang *
3 Kakaomühle *
4 Das Conchieren *
5 Pressanlage *
6 Schokoladenmasse*
7 Das fertige Produkt *

* © Barry

Der Werdegang ...

(Seite 122, 123 von links):

Blüten
Kakaobaum m. Früchten
Kakaofrucht
Sammelstelle
Fermentationskästen
Transport zum Hafen
Das Formen der Schokoladenmasse*
Das fertige Produkt *

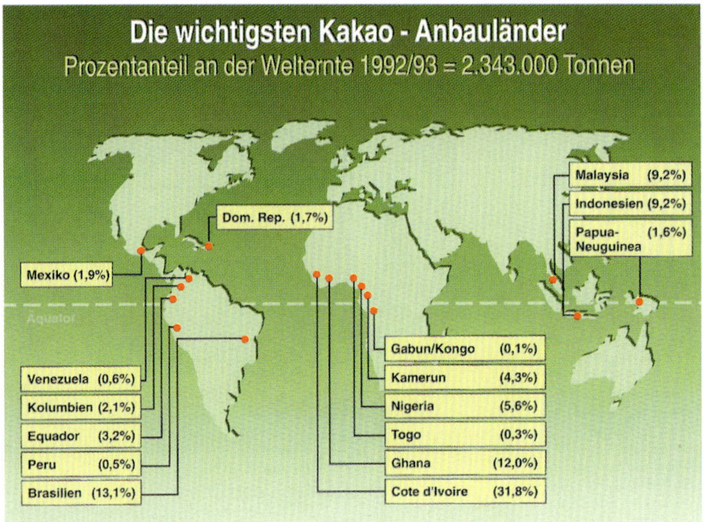

Die Hauptanbaugebiete des Kakaos liegen im tropischen Gürtel rund um den Äquator.

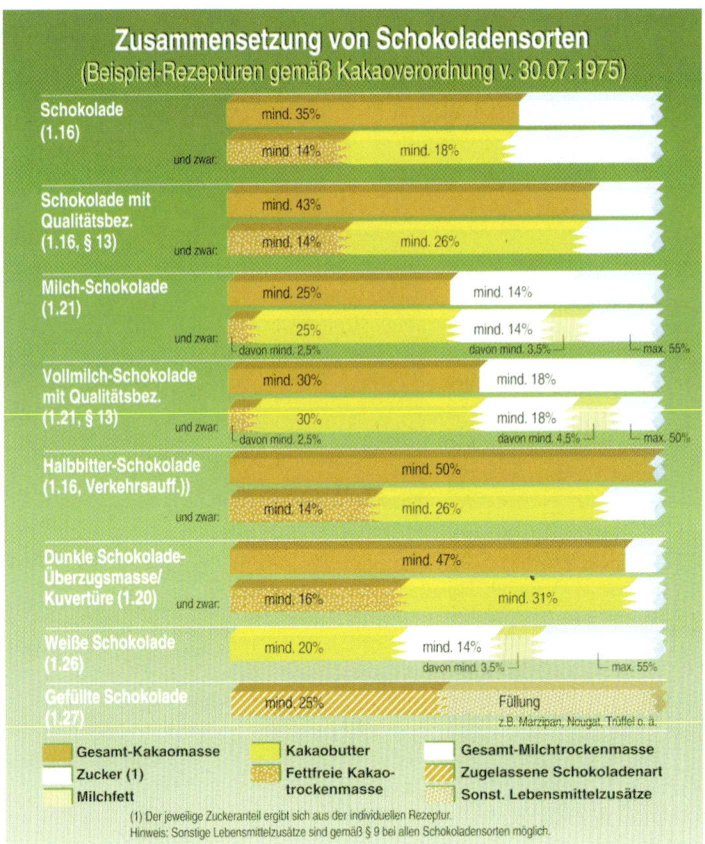

Zusammensetzung von Schokoladensorten.
(Siehe hierzu auch: Seite 69.)

Teil III

DAS VERHÄLTNIS ZUR SCHOKOLADE

Kapitel I

SCHOKOLADE WIRD ZUR LEBENSART

Herstellung von Schokolade

Conchen-Saal der Firma Lindt & Sprüngli um die Jahrhundertwende.
Links die von Rudolf Lindt erfundenen Conchen,
rechts Melangeure zum Mischen der Zutaten.

Dieses Buch zielt nicht darauf ab, das komplexe technische Verfahren der Schokoladenherstellung detailliert darzulegen, sondern unvoreingenommenen Schokoladenliebhabern sowie eingefleischten Knabberfans den Zauber nahezubringen, wie aus einfachen Kakaobohnen köstliche kleine Schokoladeecken entstehen, die Gegenstand ihrer Begierde sind.

Auswahl der Bohnen

Dies ist die wichtigste Phase.

Es gibt drei große Gruppen von Kakaobäumen, die angebaut werden:

- Criollo-Bäume, die einen sehr aromatischen Kakao liefern, jedoch empfindlich und krankheitsanfällig sind. Sie machen nicht mehr als 10 % der weltweiten Ernte aus. Plantagen sind in Mexiko, Nicaragua, Guatemala, Kolumbien und auf Madagaskar zu finden.
- Forastero-Bäume sind widerstandsfähiger. Ihre Plantagen, die sich in Brasilien und Westafrika befinden, liefern 70 % der weltweiten Kakaoproduktion.
- Trinitario-Bäume sind Hybridarten mit sehr unterschiedlicher Beschaffenheit und Qualität. Sie sind ertragreich und liefern 20 % der weltweiten Ernte.

Gärung

Das Fruchtfleisch wird über einen Zeitraum von vierundzwanzig Stunden an der Luft ausgestreut und der Gärprozeß beginnt. Je nach Sorte dauert er zwischen drei und sechs Tagen. Er findet sowohl äußerlich, mit einer Alkohol- und Essigsäuregärung, als auch innerlich, mit einer Diastase-Reaktion, die die Enzyme mit Hydrolyse- und Redoxprozeß-Funktion freisetzt, statt. Diese Phase, in der die Bohnen in Körben oder Kisten aufgehäuft sind, ermöglicht die Bildung von Aromastoffen.

Trocknen

Ideal wäre es, die Kakaobohnen ein bis zwei Wochen auf Matten ausgebreitet der Sonne auszusetzen. Früher tanzten die Eingeborenen mit nackten Füßen auf den Bohnen herum, damit sie besser aussahen und schön glänzten. Heutzutage wird das Trocknen der Bohnen leider meistens dadurch bewerkstelligt, daß sie über einen Zeitraum von zehn bis zwölf Stunden 120° C warmer Luft ausgesetzt werden. Die Bohnen laufen damit Gefahr, mit dem Rauch in Berührung zu kommen und einen unangenehmen Geschmack anzunehmen, der sich in der fertigen Schokolade wiederfindet.

Nach dem Trocknen hat sich der Wassergehalt der Bohnen von 60 % auf 7,5 % verringert, was sie vor Schimmelbildung schützt.

Lagerung

In den Erzeugerländern kann diese Phase durch Insektenschwärme, die über die Ernten herfallen, oder die rasche Ausbreitung von Pilzen Probleme verursachen. Die Bohnen werden in Jutesäcken auf Schiffe verladen. Bereits bei der Ankunft in der Schokoladenfabrik werden sie in desinfizierten Räumen gelagert und mit biologischen Insektiziden behandelt.

Reinigung

Zunächst werden die Bohnen von Fremdkörpern befreit, dann werden verdorbene oder minderwertige Bohnen entfernt.

Rösten

Dieser wichtige Vorgang geschieht in rotierenden Trommeln bei einer Temperatur von etwa 140° C. Durch die Kondensation der aus Aminosäuren hervorgehenden Aldehyde kann sich das Kakaoaroma voll entfalten.

Brechen

Die Bohnen werden gebrochen und von den Schalen und Keimen befreit.

Mischen von unterschiedlichem Kakao

Dieser Vorgang macht den Unterschied zwischen den einzelnen Schokolademarken aus. Dadurch wird es möglich, den Geschmack einer Schokolade trotz unterschiedlicher Herkunft des Kakaos beizubehalten.

Zerkleinern

Die Bohnen werden in einer Vier-Walzen-Mühle bei einer Temperatur von 70° C immer mehr zerkleinert, bis die Kakaomasse entsteht. In dieser Phase besteht die Möglichkeit, die Kakaobutter vom Kakaokuchen zu trennen.

Mischen

Puderzucker, etwas Kakaobutter und eventuell Milch werden beigemischt.

Verfeinerung

Dies geschieht mit einem System aus fünf übereinanderliegenden glatten Walzen, die immer schneller rotieren, wodurch die Kakao- und Zuckerteilchen ganz fein zerkleinert werden, so daß eine homogene Masse entsteht.

Trocknen

Dieser Vorgang läuft bei einer Temperatur von 60° C ab und dauert vierundzwanzig Stunden, wodurch die Masse noch weicher wird.

Conchieren

In sogenannten Conchen, die die Form einer Muschel haben und mit Walzen ausgestattet sind, wird die Schokolade bei einer Temperatur von etwa 80° C über einen Zeitraum von zwei bis drei Tagen langsam und konstant bewegt. Zum Schluß wird die restliche Kakaobutter zugefügt. Das Conchieren ist ein wichtiger Vorgang, da dadurch die noch vorhandene Feuchtigkeit und die letzten Bitterstoffe aus der Masse entfernt werden und die Schokolade vor allem ihre zarte, weiche und feine Beschaffenheit erhält.

Temperieren

Die Kakaomasse muß genau auf die Temperatur gebracht werden, bei der sich die Kakaobutter verfestigt. Der Glanz, der „Bruch“ und der Schmelz der Schokolade hängen davon ab.

Formen

Die Schokoladenmasse wird in Formen gegossen, die einen Kühltunnel passieren. Die Schokolade zieht sich zusammen und erstarrt. Die entstandenen Tafeln sind nun verpackungsfertig.

Die Industrie nahm ihre Chance wahr
und ließ von Künstlern gefällige Dosen entwerfen, in denen
Kakaoprodukte angeboten wurden.

Aufbewahrung von Schokolade

In einer namenlosen Broschüre mit dem Titel „La nouvelle instruction pour les confitures, les légumes et les fruits“ aus dem Jahre 1708 ist zu lesen, daß sich Schokolade nicht länger als zwei bis drei Monate aufbewahren läßt und daß vor dem Verzehr darauf geachtet werden sollte, daß sich keine Schimmel- oder Insektenflecke darauf befinden. Außerdem darf ihr Geschmack weder ranzig noch bitter sein. Um derartige Nachteile zu vermeiden, empfiehlt es sich, sie in graues Papier einzupacken und in einem hermetisch verschlossenen Behälter an einem trockenen Ort zu lagern.

Auch wenn sich heutzutage einiges geändert hat, sollte man immer noch einige Vorkehrungen treffen, um Schokolade bestmöglichst aufzubewahren.

Tafelschokolade hält sich mehrere Monate, auf der Verpackung befindet sich zudem oftmals ein Mindesthaltbarkeitsdatum. Gefüllte Schokolade muß innerhalb von einem Monat verzehrt werden. Schokolade mit Butter oder Sahne, wie zum Beispiel Trüffel, ist nach einigen Tagen zu verspeisen, was im allgemeinen kein Problem darstellt.

Schokolade verträgt keine Fremdgerüche, Feuchtigkeit oder plötzliche Temperaturschwankungen. Deshalb muß sie an einem trockenen, luftigen Ort gelagert werden, wo etwa 18 bis 20 °C herrschen, und wenn diese Voraussetzungen nicht gegeben sind, sollte man sie in einer Blechdose aufbewahren.

Wenn Schokolade nicht richtig gelagert wird, entsteht auf ihrer Oberfläche ein weißer Belag, der zwar sehr unästhetisch ist, aber weder den Geschmack noch die Qualität beeinträchtigt. Diese chemische Reaktion, wie Francois Lévy erklärt, wird von einem Temperaturanstieg ausgelöst, der einen Teil der Kakaobutter zum Schmelzen bringt, die sich daraufhin an der Oberfläche absetzt. Dies ist auf die thermische Instabilität der Glyzeride zurückzuführen, die umso ausgeprägter ist, je ungenauer die Temperierung durchgeführt wurde. Es befindet sich dann ein Fettreif auf der Schokolade, der sich weich anfühlt. Wenn Schokolade dagegen starker Luftfeuchtigkeit ausgesetzt wird, wie zum Beispiel in einem Kühlschrank, entstehen durch das Schmelzen von Zuckerteilchen winzige Kristalle an der Oberfläche. Sobald sich die durch Kondensation entstandene Feuchtigkeit verflüchtigt, kristallisieren die geschmolzenen Zuckerteilchen wieder an der Oberfläche der Schokolade, so daß sich ein Zuckerreif bildet, der sich rauh anfühlt.

Die Kunst des Genießens

Der Indio als Kakaotrinker, der Chinese als Teetrinker, der Araber als Kaffeetrinker. Anonymer deutscher Kupferstich aus dem Jahr 1689, eine Verherrlichung von drei neuen und sogleich beliebten Genußmitteln der Europäer im 17. Jahrhundert. Titelbild in „Haustus Poychresti, oder Zuverlässige Gedanken vom Theé, Coffeé, Chocolate und Taback" von Stephanus Blancardus (Hamburg, 1705).

Ein Virtuose auf dem Klavier läßt bei seiner Interpretation die vom Komponisten gewollten technischen Schwierigkeiten vergessen, um die formale Schönheit und die Ergriffenheit des von ihm interpretierten Werkes hervorzuheben. Genauso verhält es sich bei einem Liebhaber von Schokolade, der beim Verzehr nicht an die zahlreichen Herstellungsphasen denkt, sondern sich ganz einfach dem Genuß hingibt, der von einer Tafel Schokolade ausgeht.

Obwohl das Verlangen gestillt ist, reicht der Genuß an sich noch nicht aus, denn der Verzehr von Schokolade versteht sich als eine wahre Kunst des Genießens, die in mehreren Phasen abläuft.

Zunächst gibt es die Aufschrift, die in zunehmendem Maße informativ gestaltet ist, selbst wenn die Schriftgröße häufig gutes Sehvermögen voraussetzt!

Dann muß der Geschmack ausgewählt werden, denn wie Wein hat auch Schokolade ihre berühmten Sorten. Die Herkunft wird nicht verschwiegen, sondern stolz verkündet: sehr wohlschmeckender Criollo vom Äquator, noch vollmundigerer Forastero aus Afrika, noch fruchtigerer Criollo aus Indonesien! So sind auf der Verpackung der Schokolade „Carré des Caraïbes“ folgende Empfehlungen zu lesen:

„Um sie richtig zu genießen, entdecken Sie vor allem ihren außergewöhnlichen Tabakduft, der den duftreichen Bohnen der Karibik so nahe kommt. Ihr dunkelbraunes und purpurfarbenes Kleid weist sie als berühmte Sorte aus. Im Mund entfaltet der fruchtige und kaum gezuckerte zarte Schmelz ein Bukett aus Vanille, reifen Feigen und geröstetem Kaffee. Es ist eine berühmte Sorte, der jede Achtung gebührt: Wärme, Feuchtigkeit und Luft bieten die besten Voraussetzungen. Bei Zimmertemperatur genießen.“

Diese Worte könnten aus dem Munde angesehener Önologen stammen: man muß lernen, Schokolade so zu genießen wie einen berühmten Wein. Man muß „das Gewöhnliche vom Außergewöhnlichen“ unterscheiden können.

Um eine gleichbleibende Qualität zu erhalten, müssen die Schokoladenfabrikanten aus Bohnen, die je nach Jahr sehr unterschiedlich im Geschmack sein können, gelungene Mischungen herstellen. Aber so wie ein Bordeaux-Wein Jahrgang 1976 einzigartig ist und in geringer Menge produziert wird, gibt es vielleicht eines Tages eine „Schokolade mit begrenzter Auflage“, die aus einer außergewöhnlichen Ernte einer bevorzugten Plantage stammt und in sehr begrenzter Anzahl hergestellt wird. Dann wird man einen „Criollo de Maracaibo 19..“ so genießen können, wie man sich heutzutage einen „Chateau Laffite 1976“ zu Gemüte führt!

Bis es soweit ist, daß Schokolade zu den seltenen Köstlichkeiten zählt, sollte man auf den Kakaogehalt achten, der auf der Verpackung angegeben ist. Wenn er über 50 % liegt, kann man sicher sein, ein Produkt vor sich zu haben, das viel Kakao und verhältnismäßig wenig Zucker enthält. Dabei ist zu erwähnen, daß es zwei Arten von Schokoladenessern gibt. Diejenigen, die mehr ein Verlangen nach Süßem als nach Kakao verspüren und deshalb lieber zu Milchschokolade, Schokolade mit Mandeln oder mit einer Füllung aus Fruchtcreme greifen. Der wahre Schokoladenliebhaber bevorzugt jedoch schwarze Schokolade mit 60 % oder 70 % Kakaoanteil. Bei ihm fängt der Genuß mit dem Auspacken der Schokolade an, das er mit viel Feingefühl bewerkstelligt. Von ihrer schillernden Hülle befreit, offenbart die Tafel Schokolade, die nackt, glatt und glänzend daliegt, mit einem Mal ihre warme intensive Farbe und erinnert dadurch an eine Inselschönheit, deren samtweiche Haut zarte Gefühle hervorruft. Kostbare Düfte steigen auf, die der Nase schmeicheln und die Geschmacksnerven anregen. Wird ein Stück abgebrochen, sind die Bruchkanten sauber und beißt man hinein, ist ein knakkendes Geräusch zu hören.Unterbleibt es, bedeutet dies, daß zuviel Fett enthalten ist, d.h. die Schokolade weist einen zu hohen Gehalt an Kakaobutter auf. Beißt man noch einmal hinein, spürt man die feine, weiche und zarte Beschaffenheit der Schokolade, sie schmilzt im Mund und füllt ihn mit einem exotischen Geschmack aus.

Für den Genuß sollte man sich Zeit lassen, damit sich das Bukett entfalten kann; feine Düfte durchdringen den Gaumen und sind im Mund lang und intensiv zu spüren.

Einige werden der Versuchung erliegen und die Tafel Schokolade Stück für Stück aufessen, wodurch sie in höchste Extase geraten werden. Andere werden den Wunsch verspüren, den Zauber für kurze Zeit zu unterbrechen und trinken zwischendurch ein frisches Glas Wasser, wodurch ihre heftige Begeisterung gedämpft werden wird.

Etliche werden meine Worte sicherlich als übertrieben empfinden, ihr Unverständnis rührt jedoch daher, daß sie ihre Traumschokolade noch nicht gefunden haben. Aber an dem Tag, an dem ihre Suche von Erfolg gekrönt sein wird, werden sie auch diese unbändige Freude kennenlernen und verstehen, daß die Beziehung zwischen dem Schokoladenliebhaber und dem Objekt seiner Begierde wirklich von Erotik geprägt ist.

Vom gelegentlichen Genuß zur Sucht

Für einen Iren oder Dänen ist Schokolade ein Lebensmittel wie jedes andere auch, sie ist nicht mit einer besonderen Symbolik behaftet. Für Franzosen ist der Genuß von Schokolade dagegen immer noch viel zu häufig an bestimmte Anlässe gebunden, insbesondere an Festtage wie Ostern und vor allem Weihnachten und Neujahr.

Der Verzehr von Schokolade zählt weiterhin eher zu den Ausnahmen und wird als kostbarer Genuß und als Nascherei empfunden. Dieses „Laster", dem sie erliegen, läßt ein Schamgefühl entstehen und in der jüdisch- christlichen Kultur ist der Begriff der Sünde schnell zur Hand. Anstatt den Riegel Schokolade ohne Hintergedanken zu verzehren, werden sie obendrein von einem Schuldgefühl befallen, was auf die über Schokolade bestehenden Vorurteile zurückzuführen ist, die sich unbewußt in ihr Gedächtnis eingegraben haben. Sie haben den Eindruck, einem überflüssigen Kult zu huldigen und sich einer unwichtigen Sache zu widmen. Nachdem es keine Zensur mehr gibt, kommen sie sich verdammt vor. Sie zwingen sich, nicht nachzugeben, und wenn die Versuchung dann „auf einmal" stärker ist, verwandeln sich ihre Qualen in Extase. Nachdem sie sich im Rausch dem Genuß hingegeben und sich damit ins Verderben gestürzt haben, gibt es auch keinen Grund mehr, aufzuhören: sie gönnen sich ein Stück nach dem anderen, bis der Punkt erreicht ist, an dem es kein Zurück mehr gibt, und sie essen die ganze Tafel Schokolade mit einem Gefühl der Erleichterung auf. Sie haben ihrem unbändigen Verlangen voll und ganz nachgegeben.

Einige zögern, das Geschäft zu betreten, in dem das Objekt ihrer Begierde erhältlich ist, und warten, bis sich niemand mehr darin befindet, da sie Angst haben, sich vor unbekannten Menschen zu offenbaren. Als ob man beim Kauf von Schokolade seine Phantasien der Öffentlichkeit preisgeben würde. Einige wissen bereits im voraus, was sie sich leisten werden, sie suchen immer die gleiche Schokolade aus; andere gehen ohne feste Vorstellung hinein und lassen sich von einer schönen verzierten Schachtel verleiten und geben damit eher dem Aussehen als dem Inhalt den Vorzug. Die Mutigen kaufen ein Sortiment und genießen im voraus die Spannung, die bei der Wahl des Produktes entsteht: wenn sie die Hand nach einer Schokoladenpraline ausstrecken, werden sie sich freuen, da sie sich für eine ihrer geliebten Schnapskirschen entschieden haben, oder sie werden enttäuscht sein, weil sie Türkischen Honig ausgesucht haben, der an den Zähnen klebt...

Außer bei Festen, wo man in geselliger Runde beisammen ist und die anderen dazu drängt, das Laster mit einem zu teilen, zögert man, in der Öffentlichkeit Schokolade zu essen, als ob dieses Vergnügen für Erwachsene verboten wäre und einen Rückschritt in die Kindheit bedeuten würde. Denn Psychoanalytiker ließen es sich natürlich nicht nehmen, ihre Ansicht darüber zu äußern: sie glauben, daß der Verzehr von Pralinen oder Schokolade in der Hoffnung, die ersehnte rote Kirsche zu finden, dem Suchen nach der mütterlichen Brust entspricht! Es ist die Suche nach einer verlorenen Liebe.

Wieviele abgewiesene Liebhaber haben sich nicht mit Schokolade über ihr Unglück hinweggetröstet und darin einen Liebesersatz gefunden... Sylvain Lebel hat dies sehr gut zum Ausdruck gebracht:

„Wer hat noch nie das Verlangen verspürt, sich auf eine Tafel Schokolade zu stürzen, wenn ihm das Leben leer und ausweglos vorkam? Schokolade ist zugleich die Belohnung für brave Kinder, die kleine Schwäche alter Damen, die Sünde für diejenigen, die an Appetitlosigkeit leiden und die Ablenkung für ängstliche Menschen, die es nicht mehr wagen, am Daumen zu lutschen. Diejenigen, die an Bulimie leiden, verschlingen sie schamhaft in aller Heimlichkeit, Sportler nehmen bei Energiemangel aufgrund wissenschaftlicher Erkenntnis welche zu sich und strenge Diätetiker zeigen mit dem Finger darauf, da sie darin ‚die Nahrung des Teufels' sehen."

Einige geben zu, daß sie abhängig von Schokolade sind und rechtfertigen ihr Verhalten mit fadenscheinigen Ausreden. Sie können nicht mehr darauf verzichten, es ist ihre „Droge", und aus Angst vor Entzugserscheinungen legen sie sorgsam kontrollierte, wenn nicht sogar versteckte Vorräte an. Auf Reisen leben sie ständig in der Angst, keine Schokolade zu finden, obwohl sie wissen, daß als letzten Ausweg, wenn die Geschäfte geschlossen sind, die Notdienstapotheke bleibt, in der wenigstens eine dieser Diätschokoladen erhältlich ist, die mit ihrer gewohnten Schokolade mit 63 % Kakaoanteil nicht zu vergleichen ist!

Dr. Favre-Bismuth und Dr. Grauzmann, die sich für diese Abhängigen interessierten, haben 22 Fälle von „Schokoladensucht" untersucht. Sie kamen zu folgenden Ergebnissen:

„Innerhalb von 3 Jahren wurden 22 Personen isoliert: 13 Männer und 9 Frauen, die Schokolade in ungewöhnlichen Mengen zu sich nahmen. Sie wurden nach folgenden Kriterien ausgewählt:

- *ausschließlicher Verzehr von schwarzer Schokolade (mit mehr als 50% Kakaoanteil). Damit wurden die Zuckerabhängigen ausgesondert, die achtmal häufiger vorkommen.*
- *Zufuhr von mindestens 100 g in 24 Stunden, willkürliche Dosierung, aber entsprechend der Handelspackung: die Personen nahmen täglich zwischen 100 und 500 g schwarzer Schokolade zu sich.*
- *Diese beträchtliche Zufuhr ist mindestens 3 Monate lang erfolgt.*
- *Die Zufuhr einer bestimmten Schokoladenmarke mit einem Kakaoanteil von mehr als 50% war konstant: es handelte sich also tatsächlich um ein durch das Eßverhalten bestimmtes Vorhaben und nicht nur um eine Anfälligkeit gegenüber eines zur Verfügung stehenden Nahrungsmittels.*

Die untersuchten Personen sind nicht arbeitsunfähig. Sie haben sich bezüglich einer „Störung" im Bereich des Schokoladenkonsums keinen Rat geholt. Diese Störung wurde bei Gesprächen oder Konsultationen bezüglich eines zweitrangigen toxikologischen Problems festgestellt.

Alle Personen wurden der gleichen Befragung unterzogen, die zu folgenden Ergebnissen führte:

- *Das Alter liegt zwischen 16 und 70 Jahren mit einem Schwerpunkt bei 20 bis 35 Jahren. Der Schokoladensüchtige ist nicht gebunden (außer bei den Frauen, deren Heiratshäufigkeit mit dem Landesdurchschnitt übereinstimmt), sportlich, von unterschiedlicher Geselligkeit, mit starken inneren Konflikten und einem intensiven Berufsleben in sehr vielfältigen Bereichen.*
- *Das Verhältnis Größe/Gewicht unterscheidet sich nicht von dem nichtkonsumierender Testpersonen.*
- *Die Dauer der Schokoladensucht schwankt zwischen 3 Monaten und 15 Jahren. Bei 11 Personen dauert sie immer noch an.*
- *Die Faktoren für die Entstehung oder Verstärkung der Sucht sind auf die Kindheit (2 Fälle), Trauerfälle oder Mißerfolge (3 Fälle), emotionale Erschütterungen (5 Fälle), sportliche Aktivitäten (5 Fälle) oder gesellschaftlichen Zwang (7 Fälle) zurückzuführen.*

Bestimmte Aktivitäten der untersuchten Personen sind im Vergleich zur durchschnittlichen französischen Bevölkerung abwechslungsreicher:

- *Sämtliche Ausdauersportarten werden ausgiebig betrieben (Marathon, Bergsteigen, Fahrradfahren, Skilanglauf) und im Wettkampf erprobt, aber auch schnelle Sportarten wie Tennis, Laufen und Squash. Bei Sportlern kann der Verzehr von Schokolade mit einem besseren Verhältnis Menge/Nährwert begründet werden.*
- *Zu den Schokoladensüchtigen zählen auch Spieler: Schach, Karten, Poker, Gesellschaftsspiele, Kasino.*

- *Drei Personen arbeiten nachts, in diese Zeit fällt ihr Schokoladenkonsum.*
- *Vier Personen legen zwanghafte Aktivitäten an den Tag: Lesen, Aufräumen, sexuelle Befriedigung, Kino.*

Ihr zusätzliches Konsumverhalten ist unterschiedlich:
- *Vier sind Raucher, eine Person war in der Entwöhnungsphase, ein anderer hatte rein hedonistische Beziehungen zur Zigarre.*
- *Acht Personen konsumieren wahlweise Zucker: es handelt sich um die acht jüngsten Schokoladensüchtigen dieser Untersuchungsreihe: die Zufuhr von Coca Cola befriedigt ihr Verlangen nach Zucker.*
- *Bei dreizehn liegt übermäßiger Koffeingenuß vor: Zufuhr von Kaffee oder Tee mehrmals am Tag.*
- *Neun der zweiundzwanzig untersuchten Personen konsumieren in Gesellschaft Alkohol (Anlehnung an die griechisch- lateinische Kultur); zwei Männer erschienen alkoholabhängig: Kriterium dafür war, daß der Alkoholkonsum nicht in Gesellschaft stattfand; es handelte sich um einen Handelsvertreter, der sich mit einer Flasche Whisky in sein Hotelzimmer zurückzog und einen überaus einsamen Priester, der aufgrund der durch Alkohol hervorgerufenen Nebenwirkungen versuchte, auf Schokolade auszuweichen.*
- *Konsum anderer Drogen: zwei Appetitzügler-Konsumenten, ein gelegentlicher Kokainkonsument, ein ehemaliger Heroinsüchtiger und zwei zeitweilige Haschischraucher werden festgestellt.*

Welche Faktoren sind für das Beenden der Schokoladensucht von Bedeutung?
- *Eine Gewichtszunahme ist bei fünf Personen zu erkennen. Sie versuchen, ihren Konsum einzuschränken.*
- *Drei klagen über Verdauungsstörungen; Migräne tritt nicht auf.*
- *In zwei Fällen wurde der Konsum von Schokolade durch ein anderes befriedigendes Verhalten ersetzt (Erfolg im Beruf oder im Privatleben).*
- *Eine Person hat mit dem Konsum aufgehört, um in rationaler Hinsicht frei zu werden.*
- *Elf haben eine feste Beziehung zur Schokolade, die während der Untersuchung anhält.*

Die Nebenwirkungen scheinen gering zu sein:
- *keine Schlaflosigkeit,*
- *selten Kopfschmerzen (nie spontan aufgetreten) und wenn, dann vor der Zufuhr,*

- *keine psychomotorische Erregung,*
- *Gewichtszunahme, nur wenn Schokolade zur normalen Ernährung hinzukommt.*
- *Keine der untersuchten Personen wird aufgrund ihrer Schokoladensucht gesellschaftlich diskriminiert: dieses Verhalten wird tatsächlich nicht als ungewöhnlich angesehen. Die gute Akzeptanz in der Gemeinschaft, die leichte Zugänglichkeit und der geringe Preis liefern die Erklärung für diese fehlende gesellschaftliche Einordnung als Suchtmittel.*

Die Entzugserscheinungen bei entwöhnten Schokoladensüchtigen sind besonders unauffällig:
- *die Sorge bei plötzlich auftretendem Heißhunger keine Vorräte zu finden.*
- *Die sportlichen, beruflichen und sexuellen Leistungen des entwöhnten Schokoladensüchtigen wurden nicht untersucht.*"

Diese äußerst interessante Arbeit zeigt letztendlich, daß sich die Schokoladensüchtigen kaum von der restlichen Bevölkerung unterscheiden.

Kapitel II

VORURTEILE ÜBER SCHOKOLADE

Das Für und Wider des Schokoladenkonsums

„Die Schokolade wollen wir auf die Gesundheit essen"
Holzstich aus dem 19. Jahrhundert nach einer Zeichnung von R. Eichstaedt.

Bei einem Seminar setzte sich ein Referent für Schokolade ein und berief sich dabei auf den hohen Nährwert dieses Produkts.

Deutliche Verwunderung spiegelte sich daraufhin in den Gesichtern der Zuhörer wider, eine Verwunderung, die bald darauf einem Gefühl der Freude wich, das jedoch schnell vorüberging und einem Ausdruck von Skepsis Platz machte, als ob hinsichtlich der Gültigkeit dieser erfreulichen Behauptungen Zweifel entstanden wären.

Ich beobachtete dieses Hin und Her, bei dem die Zuhörer zwischen offener Zufriedenheit und zweifelnder Hoffnung schwankten, mit lebhaftem Interesse. Diese Reaktionen waren aller Wahrscheinlichkeit nach ein eindeutiges Zeichen dafür, daß das Essen von Schokolade bis vor kurzem abgelehnt, wenn nicht sogar verworfen wurde. Wie sich herausstellte, hatten bestimmte Vorurteile, Aprioris und Gemeinplätze, die über Jahrzehnte hinweg allgegenwärtig waren, dazu beigetragen, daß dieses zugleich exotische und wohlvertraute Produkt kritisiert wurde. Diese zufällig entstandenen Behauptungen, die von Mund zu Mund und von Generation zu Generation weitergegeben wurden, hatten sich im Bewußtsein der Menschen als unumstößliche Wahrheiten verankert. Der Schokolade wurden die unsinnigsten Übel angelastet, es wurden Beschuldigungen gegen sie erhoben, von denen sie nun freigesprochen werden muß.

In einer Zeit, wo man mehr darauf achtet, was man zu sich nimmt, ist es wirklich unabdingbar, den Ruf der Schokolade wiederherzustellen und den Unsinn aus der Welt zu schaffen, daß sie Leberbeschwerden oder Akne hervorrufen würde, für Übergewicht und Karies verantwortlich sei, Migräne auslösen würde oder der erklärte Feind Zuckerkranker sei.

Dazu werden wir versuchen, die über Schokolade bestehenden Vorurteile nacheinander zu untersuchen, indem wir sie nach den neuesten medizinischen Erkenntnissen, die durch moderne wissenschaftliche Forschung und aktuelle Arbeiten im Bereich der Diätetik erworben wurden, unter die Lupe nehmen.

Ein Arzt im 18. Jahrhundert, Duncan, äußerte bereits die Empfehlung, bei Beurteilungen größte Vorsicht walten zu lassen:

„Die guten und schlechten Äußerungen über Schokolade gründen sich auf ihre wohltuenden Wirkungen bei denjenigen, die sie richtig anwenden, und ihre schädlichen Wirkungen bei denjenigen, die sie falsch anwenden. Ihre Freunde schaden ihr noch mehr als ihre Feinde, die dem, was sie lieben, Mißbilligung einbringen, die eigentlich nur auf sie zurückfallen sollte. Man darf die Schokolade von den Beschuldigungen, die sie nicht verdient, nicht entlasten, denn wenn sie Schaden anrichtet, ist es nicht ihre Schuld, wie einige versichern. Man muß sie denjenigen zuschieben, die die Schokolade

durch einen übermäßigen Genuß für schädlich halten. Diejenigen, die sie in Verruf bringen, sind nicht rechtschaffener als diejenigen, die sie zu sehr loben. Sie beschuldigen die Schokolade vieler Übel, für die sie nicht verantwortlich ist. Ihre Feinde haben immer unrecht, sie klagen sie vieler Übel an, an denen sie keine Schuld trägt. Die einen folgen ihrer Vergangenheit, was sie daran hindert, das Gute oder Schlechte zu sehen, das das Objekt ihrer Ab- oder Zuneigung in sich birgt.“

Straßenszene vor einer englischen Cacaostube in Birmingham um 1830.
(Sammlung Cadbury, Birmingham)

1. VORURTEIL:

Schokolade macht dick

Zu Beginn des 17. Jahrhunderts war die Zeit der Freizügigkeit noch weit entfernt und trotzdem scheute sich Rubens nicht, die „Drei Grazien“ mit üppigen Formen und wohlproportionierten Fettpolstern darzustellen. Dies war eine glückliche Zeit, als sich Frauen über ihre Körperfülle freuen konnten, da diese Rundungen, die sowohl Stärke als auch Gesundheit symbolisierten, von den Männern geschätzt wurden. Zu dieser Zeit wurde die Vorliebe für Schokolade um so mehr zur Schau gestellt, als sie im Ruf stand, Dickleibigkeit zu fördern.

Glückliche Zeit, als die Rundungen der Damen von den Männern mit Wohlwollen betrachtet wurden... Diese Vorliebe blieb bis zu den Aktdarstellungen von Renoir oder den Skulpturen von Maillol erhalten. Heute haben sich die Medien unerbittlich auf das weibliche Geschlecht gestürzt und ein schlankes, mageres Aussehen zum Leitbild gemacht. Nachdem Hungersnöte und Kriege der Vergangenheit angehören, hat das Fett seine Funktion als Sicherheitspolster für schlechte Zeiten verloren.

Dieses Phänomen ist auch an den Männern nicht vorbeigegangen, und sie messen ihr Gewicht in der Gesellschaft nicht mehr an ihrem Taillenumfang. An die Stelle des „guten dicken“ Bürgers, wie ihn Daumier karikierte, beruhigend, gutmütig und dickbäuchig, dessen Körperfülle imposant wirkte, rückte der junge, dynamische, braungebrannte Angestellte mit makellosen Zähnen, dessen schlanke Körperstatur für Fitneß und Erfolg steht.

Eine Tafel Schokolade von 100 g enthält etwa 560 Kalorien. Wie entsetzlich!

Die Arbeiten der Professoren Bellisle und Rolland-Cachera haben jedoch gezeigt, daß zwischen der Korpulenz und der Höhe der täglichen Kalorienzufuhr nicht immer ein direkter Zusammenhang besteht! Heute ist bekannt, daß man, anstatt sich einzuschränken, sich abwechslungsreich ernähren und satt essen soll, um eine Gewichtsabnahme zu erzielen.

Die vielgelobten kalorienreduzierten Diäten sind in Wirklichkeit gefährlich, da die von ihnen befürwortete unzureichende Nahrungszufuhr zu einem Mangel an Mineralsalzen, Vitaminen und Spurenelementen führt ... und die von ihnen auferlegten Einschränkungen den Organismus nur in Aufregung versetzen.

Durch die erlittenen Entbehrungen und Frustrationen paßt sich der Körper zunächst an die verringerte Nahrungszufuhr an. Dann reduziert er seinen Verbrauch, so daß es zu keinem weiteren Gewichtsverlust kommt. Der Organismus versucht nun mit aller Gewalt, neue Fettreserven zu bilden, und selbst wenn nur eine Zufuhr von 800 oder 1000 Kalorien erfolgt, stellt sich eine neuerliche Gewichtszunahme ein. Je weniger man ißt, um so mehr nimmt man an Gewicht zu... Diese Hungerdiäten sind mit dem Jo-Jo-Prinzip zu vergleichen, es sind „Ziehharmonika-Diäten", bei denen man zwei Kilo abnimmt, um wieder drei zuzunehmen!

Was für eine Schlußfolgerung läßt sich daraus ziehen?

Nach der Zusammensetzung der Schokolade (siehe Anhang S. 203) liefern 100 g etwa 6 g Proteine, 54 g Kohlenhydrate und 27 g Lipide.

Proteine rufen keine Gewichtszunahme hervor. Zahlreiche in Krankenhäuser durchgeführte Abmagerungsdiäten basieren zum Beispiel auf der Einnahme von Protein-Trinklösungen.

Kohlenhydrate sind Zucker, die im Dünndarm absorbiert und in Glukose umgewandelt werden. Daraufhin steigt der Glukosegehalt im Blut (Glykämie) an. Diese Erhöhung des Blutzuckerspiegels wird vom Organismus bemerkt, der mit einer Insulinabsonderung aus der Bauchspeicheldrüse darauf reagiert. Dieses Hormon ist dazu bestimmt, den überflüssigen Zucker aus dem Blut zu treiben, damit er in die Gehirn-, Leber- und Muskelzellen gelangen kann. Leider besitzt das Insulin auch die Eigenschaft, die Fettsäuren der Kakaobutter in Form von Fettreserven zu speichern, wodurch eine Gewichtszunahme hervorgerufen wird. Je mehr Zucker in Schokolade enthalten ist, um so eher neigt sie dazu, eine hohe Insulinabsonderung, Ursache für eine Gewichtszunahme, auszulösen. Außerdem ist es unmöglich, die angesammelten Pfunde loszuwerden, wenn Insulin freigesetzt wurde; es kann nur zu einer Reaktion kommen: man nimmt an Gewicht zu, ein Gewichtsverlust ist ausgeschlossen.

In der Praxis bedeutet dies, daß bei Schokoladenliebhabern, die ihr Gewicht nicht gefährden möchten, mehrere Fälle betrachtet werden müssen:

1. Fall: Man ist schlank und bleibt es auch, unabhängig davon, was man ißt.

Sie gehören zu den Glücklichen, die alles essen können, selbst im Übermaß, und es ist wahrscheinlich, daß Sie lange rank und schlank bleiben. Ihre Bauchspeicheldrüse ist nicht in ihrer Funktion gestört, sie sondert genau die Menge Insulin ab, die benötigt wird, um die zugeführten Kohlenhydrate zu verarbeiten, ohne die Speicherung von Fetten zu begünstigen. Seien Sie dankbar dafür und essen Sie Schokolade, sie gehört zu den feinsten Genüssen, die es gibt. Die Schokolade sollte jedoch von guter Qualität und wenig gezuckert sein, um die Bauchspeicheldrüse zu schonen.

2. Fall: Man ist zu dick und möchte abnehmen.

Bei Fettleibigen liegen leider zwei äußerst unangenehme Funktionsstörungen des Organismus vor: Hyperinsulinismus und Insulinresistenz. Auf der einen Seite produziert die Bauchspeicheldrüse zuviel Insulin: ein noch so geringer Glukosegehalt im Blut führt zu einer übermäßigen Insulinabsonderung. Auf der anderen Seite besteht eine Insulinresistenz: das von der Bauchspeicheldrüse freigesetzte Insulin wird vom Organismus nicht richtig erkannt. Die Glukose dringt verzögert in die Zellen ein und der Blutzuckerspiegel bleibt zu lange erhöht. Daraufhin sondert die Bauchspeicheldrüse ein zweites Mal Insulin ab, wodurch die bereits nach der ersten Insulinsekretion erhöhte Konzentration noch mehr ansteigt. Um eine Gewichtsabnahme zu erzielen, muß diese Insulinsekretion genügend gesenkt werden, damit die umgekehrte Reaktion einsetzen kann: Das Fett verschwindet, anstatt sich anzusammeln. Dazu ist es erforderlich, die Kohlenhydratzufuhr auf ein Minimum zu senken. Es ist klar, daß in dieser Abmagerungsphase der Verzehr von Schokolade kaum zu empfehlen ist, da sie Kohlenhydrate und vor allem Saccharose enthält.

Aber wie viele Fettleibige nehmen paradoxerweise Alkohol zu sich oder verzehren, ohne mit der Wimper zu zucken, Berge von Nudeln oder Pommes frites, die viel Kohlenhydrate enthalten und eine starke Erhöhung des Blutzuckerspiegels begünstigen. Dafür verzichten sie auf einige Stückchen Schokolade, bei denen eine Gewichtszunahme viel unwahrscheinlicher ist.

3. Fall: Man hat abgenommen und möchte sein erzieltes Gewicht stabilisieren.

Wenn Sie eine kalorienreduzierte Diät gemacht haben, sollten Sie mit der Zufuhr von Schokolade vorsichtig sein. Der Organismus, der zu lange Frustrationen ausgesetzt war, ist in Alarmbereitschaft und wird sich auf die zugeführten Kohlenhydrate und Lipide stürzen und sie so schnell wie möglich speichern, um neue Fettreserven zu bilden, damit er für eine erneute Einschränkung der Nahrungszufuhr gerüstet ist. Eine neuerliche Gewichtszunahme ist somit unausweichlich!

Wenn Sie dagegen eine Abmagerungsmethode angewendet haben, bei der eine ausreichende Nahrungszufuhr erfolgt ist und die Bauchspeicheldrüse Gelegenheit hatte, sich wieder zu erholen, findet keine zu hohe Insulinabsonderung mehr statt, und Sie können sich bei der Ernährung Ausnahmen erlauben, ohne deswegen wieder an Gewicht zuzunehmen. Sie wissen, wie Sie damit umzugehen haben, um die verlorenen Pfunde nicht wieder zuzunehmen. Einige Stückchen Schokolade zählen zu den Ausnahmen, die den erzielten Gewichtsverlust nicht gefährden, ihr Verzehr ist mit der Gewichtsstabilisierung vereinbar.

Frage: Macht Schokolade dick?

Antwort: Wenn Sie schlank sind: Essen Sie Schokolade mit einem hohen Kakaoanteil, Sie werden nicht zunehmen. Wenn Sie dick sind: Nehmen Sie zuerst ab, normalisieren Sie die Insulinsekretion, verzichten Sie auf Schokolade, bis Sie Ihr Idealgewicht erreicht haben. Dann können Sie wieder regelmäßig und in Maßen davon essen, ohne erneut dick zu werden.

Eine Auswahl von Reklamemarken aus dem Jahre 1900.
Auf ihnen wird die Welt im Jahr 2000 geschildert:
„Bewegliche Trottoirs", „Schönwettermaschine", „Luftverkehr".

2. VORURTEIL:

Schokolade erhöht den Cholesterinspiegel

Fette machen etwa 27 % der Schokoladenmasse aus. Dieser Fettanteil wird von der Kakaobutter gebildet, deren Einfluß auf den Cholesteringehalt im Blut sowohl bei Tieren als auch bei Menschen in zahlreichen Untersuchungen erforscht wurde.

Zunächst läßt sich sagen, daß entgegen der weit verbreiteten Annahme Schokolade nur eine geringe Auswirkung auf den Cholesterinspiegel hat. Es sind jedoch Fettsäuren enthalten, deren Einfluß auf die Fettkonzentration im Blut näher erläutert werden muß.

1981 untersuchte Kritchevisky bei Ratten, wie sich Maisöl, Palmöl, Kokosöl und Kakaobutter auf den Cholesterinspiegel auswirken.

Cholesterin in mg/dl	Maisöl	Palmöl	Kokosöl	Kakaobutter
nach 3 Monaten	- 48	- 54	- 56	- 68
nach 6 Monaten	- 65	- 228	- 249	- 224
nach 9 Monaten	- 64	- 436	- 474	- 220

Eine Untersuchung ihrer Arterien ermöglicht die Erstellung eines atherogenen Indexes:

Maisöl: 0,15
Kakaobutter: 0,53
Palmöl: 1,28
Kokosöl: 1,60

Kritchevisky zog daraus den Schluß, daß aufgrund der Senkung des Cholesterinspiegels und des niedrigen atherogenen Indexes die Kakaobutter von allen pflanzlichen Fetten die geringsten Fettablagerungen an den Arterienwänden hervorruft. Er führt diese positive Wirkung auf den hohen Gehalt an ungesättigten Fettsäuren zurück, die die Eigenschaft haben, den Cholesterinspiegel zu senken.

1986 wird von Morrissey eine gleichartige Untersuchung durchgeführt, um den Einfluß der Schokolade auf den Cholesterinspiegel zu überprüfen. Die Ratten wurden in vier Gruppen aufgeteilt und jeweils mit 0 %, 10 %, 20 % und 30 % Kakaobutter gefüttert.

Cholesterin in mg/dl	Gruppe 0 %	Gruppe 10 %	Gruppe 20 %	Gruppe 30 %
Tag 0	110	100	120	110
30. Tag	140	110	120	110
60. Tag	150	110	115	100
90. Tag	150	130	115	100

Es zeigt sich, daß der Cholesterinspiegel um so mehr sinkt, je höher der Anteil an zugeführter Kakaobutter ist. Bei der Autopsie der Ratten wurden keine anomalen Fettablagerungen festgestellt.

Diese Ergebnisse wurden durch ähnliche Untersuchungen am Menschen bestätigt.

1968 wählte Mac Donald Testpersonen zwischen 19 und 21 Jahren aus, die ca. 1 800 g Schokolade pro Tag zu sich nahmen, die pro 100 g 30 g Lipide enthielt. Am sechsten Tag waren die Cholesterinwerte durchschnittlich um 141 mg/dl bei den Männern und 78 mg/dl bei den Frauen gesunken.

1969 führte Brummer eine Studie über die Mortalität durch Koronarerkrankungen durch und fand keinen Zusammenhang zwischen den Todesfällen und der Zufuhr von Schokolade.

1970 behauptete Kohn dagegen, daß bei großen Schokoladenessern mehr Koronarleiden auftreten würden. Seine statistische Untersuchung ist jedoch wertlos, da die untersuchte Gruppe nicht aufeinander abgestimmte Personen umfaßt, was die übrigen Herz-Kreislauf-Risiken und vor allem das Rauchen betrifft. Außerdem handelte es sich um eine offene Studie ohne Testreihe.

Zu guter Letzt haben Erickson und Keys die positive Wirkung der Schokolade auf den Cholesterinspiegel anhand der chemischen Zusammensetzung der Kakaobutter untersucht. Dabei kam heraus, daß sie einerseits gesättigte Fettsäuren (34 % Stearinsäure, 28 % Palmitinsäure) und andrerseits ungesättigte Fettsäuren (35 % Ölsäure und 3 % Linolsäure) enthält.

Gesättigte Fettsäuren begünstigen die Erhöhung des Cholesterinspiegels und sind in diesem Fall in der Überzahl, da sie 62 % der Fette ausmachen. Von den gesättigten Fettsäuren muß die Stearinsäure jedoch gesondert betrachtet werden. Keys hat 1965 gezeigt, daß sie sich im Organismus sehr schnell in Ölsäure umwandelt. Man kann deshalb davon ausgehen, daß Schokolade in Wirklichkeit nur 28 % gesättigte Fettsäuren und 69 % Ölsäure enthält, die eine Senkung des Cholesterinspiegels hervorruft.

Das Cholesterin ist im Blut nicht isoliert, sondern an Proteine gebunden. Man unterscheidet Lipoproteine geringer Dichte (Low Density Lipoproteins oder LDL), die das Cholesterin an die Zellen, insbesondere die Zellen der

Arterienwände abgeben, wodurch sich Fettablagerungen bilden. Deshalb wurde das LDL-Cholesterin „schlechtes Cholesterin" genannt, da es auf lange Sicht die Gefäßwände verstopft. Wenn eine hohe Konzentration vorliegt, verringert sich der Durchmesser der Arterien, so daß es zu dem gleichen Phänomen wie mit dem Kesselstein in den Abflußrohren kommt: Heute läuft das Wasser aus dem Waschbecken noch ab, morgen ist der Abfluß jedoch verstopft! Je nachdem, welche Arterien verstopft sind, kann es zu folgenden Störungen kommen: Arterienentzündung der unteren Extremitäten, Angina pectoris, Myokardinfarkt oder Schlaganfall, der zu einer totalen oder partiellen Lähmung führen kann.

Die Lipoproteine hoher Dichte (High Density Lipoproteins oder HDL) befreien die Arterien von ihren Ablagerungen und transportieren das Cholesterin zur Leber, wo es für den Stoffwechsel verwendet wird (Bildung von Gallensalzen oder Hormonen). Man bezeichnete das HDL-Cholesterin auch als „gutes Cholesterin", da es die Fettablagerungen der Arterien entfernt. Wenn eine hohe Konzentration vorliegt, sinkt das Risiko vaskulärer Störungen.

Heute sind die Sollwerte viel strenger als noch vor einigen Jahren.

Die Ölsäure, die zu den einfach ungesättigten Fettsäuren zählt, besitzt außergewöhnliche Eigenschaften, die in den Arbeiten von Professor Grundy und Professor Jacotot eindeutig nachgewiesen wurden:

- sie senkt das Gesamt-Cholesterin,
- sie senkt das LDL-Cholesterin,
- sie erhöht das HDL-Cholesterin,
- sie verringert die Thrombozytenaggregation, Ursache für Thrombosen.

Somit spielt die Ölsäure, die in großer Menge in Schokolade enthalten ist, eine maßgebliche Rolle beim Schutz vor vaskulären Erkrankungen.

Außerdem ist bekannt, daß Streß zu einer Senkung des HDL-Cholesterins führt, dem der hedonistische Charakter der Schokolade – die angenehme Seite dieser Leckerei – und die durch die Kohlenhydrate ausgelöste Serotoninsekretion entgegenwirken, so daß es wieder zu einem Anstieg des HDL-Cholesterins kommt.

Professor Chaveron äußerte sich folgendermaßen dazu:

„Die Zeit ist nicht weit, bis der Verzehr von Schokolade empfohlen wird, um die Risiken der Ateriosklerose zu senken."

Frage: Erhöht Schokolade den Cholesterinspiegel?

Antwort: Nein, im Gegenteil, sie bewirkt eine Senkung der Cholesterinkonzentration im Blut.

3. VORURTEIL:

Schokolade ist für Diabetiker verboten

Bei „Fettdiabetes" leidet der Betroffene an Übergewicht und einer zu Beginn erhöhten Insulinsekretion.

Bei „Magerdiabetes", dessen Ernährungskonzeption vor langer Zeit entwickelt wurde, steht dem Betroffenen eine bestimmte Menge an Kohlenhydraten pro Tag zu, über die er frei verfügen kann.

Nahrungsmittel mit einem hohen glykämischen Index wie Puder- oder Würfelzucker, Honig, Marmelade, Kartoffeln, weißer Reis, Nudeln und Gebäck sind zu meiden.

Empfehlenswert sind Kohlenhydrate mit einem niedrigen glykämischen Index und einem hohen Ballaststoffgehalt: Vollkornbrot, Vollkornreis, Vollkornnudeln, Obst, Getreide, Linsen, grüne Erbsen und weiße Bohnen.

Wo ist Schokolade einzuordnen?

Nach dem Verzehr von Schokolade entsteht eine niedrige Blutzuckerspitze: die Zufuhr von 100 g schwarzer Schokolade mit 64 % Kakaoanteil läßt die Blutzuckerkonzentration nach 20 Minuten von 1 g/l auf 1,20 g/l ansteigen. Nach einer Stunde beträgt sie 1,25 g/l und nach 3 Stunden hat sie wieder den Wert von 1 g/l erreicht. Ihr glykämischer Index, der von mehreren Verfassern errechnet wurde, beträgt 22 und ist somit sehr niedrig. Diese Zahlen sind Durchschnittswerte, die bei gesunden Personen, die nicht an Diabetes leiden, ermittelt wurden.

So liefert ein Fünftel einer Tafel Schokolade, also 20 g, 10 g Kohlenhydrate, was im Rahmen der verordneten Diät als vertretbare Menge hinsichtlich der erlaubten Kohlenhydratzufuhr pro Tag anzusehen ist.

Es wäre natürlich ideal, wenn die Schokolade weniger Kohlenhydrate enthalten würde. Die geringe im Kakao befindliche Menge läßt sich nicht reduzieren.

Dagegen kann der Anteil von Zucker, der bei der Schokoladenherstellung hinzugefügt wird, beeinflußt werden.

Es gibt Schokolade, bei der ein Teil der Saccharose durch Fruktose ersetzt wird, die sich nicht so sehr auf den Blutzuckerspiegel auswirkt. In der Theorie ist dies eine gute Lösung, in der Praxis sieht es jedoch so aus, daß der Geschmack zu wünschen übrig läßt.

Es wird auch Schokolade hergestellt, bei der anstelle von Zucker Polyole und Süßstoff verwendet werden. Dazu muß man jedoch wissen, daß der einzige Vorteil der Polyole darin besteht, keine Karies zu verursachen, und bezüglich ihrer Wirkung auf den Blutzuckerspiegel ist oft kein Unterschied zur Saccharose festzustellen. Außerdem ist sie ebenfalls häufig von enttäuschendem Geschmack.

Es gibt im Handel auch sogenannte „kohlenhydratarme“ Diätschokolade, die Sorbit enthält und für Diabetiker empfohlen wird. In diesem Zusammenhang berichtete Professor Lederer von dem Fall eines vierzigjährigen Mannes mit einem Körpergewicht von 72 kg bei einer Größe von 1,74 m, dem eine kohlenhydratarme Diät verordnet wurde, da er Diabetes im Anfangsstadium mit Zucker im Urin hatte. Durch die Ernährungsumstellung bekam man den Diabetes rasch in den Griff, der Gehalt an Triglyzeriden schwankte zwischen 0,66 g/l und 0,92 g/l (der normale Wert liegt unter 1 g/l). Nachdem er von der Existenz der Diabetikerschokolade erfahren hatte, fing er an, jeden Tag etwa 50 g davon zu sich zu nehmen. Darin waren 35 % Sorbit und 30 % Lipide enthalten. Nach fünf Monaten regelmäßiger Zufuhr betrug der Gehalt an Triglyzeriden 2,85 g/l, der Blutzucker- und Cholesterinspiegel wiesen keine derartigen Veränderungen auf. Nachdem er auf ärztlichen Rat keine Sorbit-Schokolade mehr zu sich nahm, ging der Gehalt an Triglyzeriden nach einem Monat auf 1,35 g/l zurück, und nach zweieinhalb Monaten hatte er wieder 1,18 g/l erreicht.

Sorbit-Schokolade ist somit zu verbieten, da sie einen starken Anstieg der Triglyzeride im Blut hervorruft, deren schädliche Wirkung bekanntlich darin besteht, Herz-Kreislauf-Risiken zu begünstigen.

Letztendlich sollte anstelle von „Diätschokolade“ mit enttäuschendem Geschmack lieber Schokolade von sehr guter Qualität und mit einem hohen Kakaoanteil in Maßen verzehrt werden, deren köstliches Aroma und erlesene Beschaffenheit echten Genuß verspricht!

Frage: Ist Schokolade für Diabetiker verboten?

Antwort: Nein, sie müssen jedoch die Menge der zugeführten Kohlenhydrate berücksichtigen und möglichst schwarze Schokolade mit mindestens 60 % Kakaoanteil zu sich nehmen.

4. Vorurteil:

Schokolade verursacht Leberbeschwerden

Leberbeschwerden scheinen ein ganz und gar französisches Übel zu sein, über das sich die Belgier als große Schokoladenliebhaber gern lustig machen! Engländer klagen dagegen eher über Magenschmerzen und Amerikaner über Herzbeschwerden!

20 bis 40% der Franzosen litten bereits an Leberbeschwerden und in unserer kleinen Umfrage (siehe Anhang S.214) geben 43% der Befragten der Schokolade die Schuld an Leberbeschwerden, 8% sind unschlüssig und 49% halten sie für leberunschädlich.

Manche Ärzte fragten sich unter dem Druck der öffentlichen Meinung ebenfalls, ob nicht etwas daran sei, daß Schokolade die Leber schädigt. Sie wollten die Sache auf Herz und Nieren prüfen, denn ein solcher Verdacht erforderte eine klare Antwort. Als gute Wissenschaftler vertieften sie sich ins Studium, um mehr zu erfahren.

1953 prüften die Ärzte Roussel und Larrue Leberwerte von 18 Kindern im Alter von 5 bis 12 Jahren nach dem Verzehr von Schokolade über einen längeren Zeitraum von 17 bis 60 Tagen. Die zugeführte Menge reichte von 22 bis 66 g/Tag. Es wurden drei Arten von Schokolade geprüft:

- eine bittere Schokolade mit 27 % Fett,
- eine Schmelzschokolade mit 33 % Fett,
- eine Milchschokolade mit 27,6 % Fett.

Die sieben medizinischen Tests, durch die die Veränderungen der Leber festgestellt werden sollten, haben keinerlei Schwankung der Leberverträglichkeit ergeben, was mit der klinischen Beobachtung übereinstimmte, denn es wurden keinerlei Verdauungsprobleme festgestellt.

Ferrabouc untersuchte 1954 in seiner Doktorarbeit die Lebertests von 16 Erwachsenen nach dem Verzehr von Schokolade. Elf Personen hatten bereits vor kurzer oder längerer Zeit Leberprobleme gehabt, einer litt an Kolitis, ein anderer an Gastritis und drei hatten keinerlei Verdauungsprobleme.

Bei allen Probanden wurden auf nüchternen Magen die damals üblichen Lebertests zur Feststellung einer eventuellen Leberschädigung durchgeführt.

Die Testpersonen aßen an zwei aufeinanderfolgenden Tagen je 50 g Schmelzschokolade, also insgesamt 100 g. Die Blutprobe erfolgte am dritten Tag. Die „Schmelz"-Schokolade enthielt 32 g Fett, 57 g Kohlenhydrate und 6 g Proteine.

Drei der elf „Leberkranken“ verspürten am zweiten Versuchstag Übelkeit. Doch in medizinischer Hinsicht hatten sich die Bluttests nicht verändert.

Warum ist diese Vorstellung von „Leberbeschwerden“ in Frankreich so hartnäckig? Hat sie physiologische Ursachen?

Allenfalls kann man annehmen, daß der recht hohe Fettgehalt der Schokolade (27 bis 33 %) zu Veränderungen in der Gallenblase führen kann, da dadurch vermehrt Gallenflüssigkeit abgegeben wird und ihre Kontraktion gefördert wird. In England und Wales wird Schokolade eingenommen, um die Gallenblase bei einer Röntgenuntersuchung besser sichtbar zu machen und eine gute Kontraktion zu erreichen.

Wie Professor Béraud schließlich in seinem Buch über *Le foie des Francais* (Die Leber der Franzosen) hervorhebt, hat *„die Schokolade keinerlei toxische Wirkung auf die Leber. Schädlich für die Leber sind nur Alkohol, Giftpilze und bestimmte Medikamente“.*

Frage: Verursacht Schokolade Leberbeschwerden?

Antwort: Nein.

In einer deutschen Schokoladenfabrik um 1908.

5. VORURTEIL:

Schokolade ist schwerverdaulich

Wenn die Leber entlastet ist, muß man einen anderen Schuldigen finden. Woher kommen Völlegefühl, Übelkeit, Schwerfälligkeit, Blähungen oder Bauchschmerzen, über die manche klagen und die Nebenwirkungen der Schokolade zu sein scheinen?

All diese Phänomene werden von den Gastroenterologen als „Dyspepsie“ bezeichnet und folgendermaßen erklärt:

- eine zu starke Kontraktilität eines Teils des Magens,
- ein anormales Auftreten von Mikroben des Typs „Campylobacter pylori“ im Magen, ein Keim, der ein Enzym absondert, das die Magenwand schwächt,
- eine langsame Magenentleerung,
- eine Tendenz zum Rückfluß von Gallenflüssigkeit vom Zwölffingerdarm zum Magen,
- eine Anomalie der glatten Muskulatur der Darmwände mit Störungen bei der Beförderung des Speisebreis;
- hinzu kommt bei allen Beschwerden eine Nervosität, die bei Streß oder nervöser Anspannung und beruflichen oder familiären Sorgen vermehrte Verdauungsstörungen zur Folge hat.

In Wirklichkeit sind diese Probleme auf „kleine Produktionsstörungen“ zurückzuführen, die bei manchen Menschen auftreten, die, ohne eine genau definierte Krankheit zu haben, unter den Unannehmlichkeiten einer schlechten Verdauung leiden. Kann der Verzehr von Schokolade in diesen Fällen erschwerend wirken?

Schwarze Schokolade hat ca. 54 % Kohlenhydrate und 27 % Fett. Die in 20 g Schokolade enthaltene Saccharose, das ist etwa ein Riegel, entspricht zwei Stückchen Zucker, was man nicht unverdaulich nennen kann. Die Lipide in einem Riegel Schokolade entsprechen 5 g Fett, eigentlich recht wenig. Dadurch verlängert sich nur die Entleerung des Magens nach einem Essen, was im normalen physiologischen Bereich erfolgt, umso mehr als die Fettsäuren der Schokolade gut verdaut werden.

Dennoch besitzen die Überlegungen der Autoren des 19. Jahrhunderts zur Verdauungsfähigkeit hochwertiger Schokolade heute immer noch Gültigkeit.

Außerdem konnte bewiesen werden, daß 200 g Schokolade, außerhalb der Mahlzeiten verzehrt, nur eine Stunde im Magen bleibt, d.h. genauso lange wie Wasser oder Tee.

Meiden Sie „Pseudo"-Schokolade mit Milch, angereichert mit Lezithin oder Sorbit und solche mit zu geringem Kakaoanteil. Essen Sie nur schwarze Schokolade mit über 60 % Kakaoanteil, wählen Sie eine bekannte Marke und Sie werden keine Verdauungsbeschwerden haben!

Der Verzehr von Schokolade nach einem unausgewogenen Essen wird diätetisch unterschiedlich beurteilt. Nehmen wir an, Sie verschlingen hastig ein Mittagessen mit Apéritif, Appetithäppchen wie Erdnüsse, fettes Fleisch, einen Teller Pommes frites, Käse und ein Stück Obst, dazu reichlich Wein und zum Abschluß einen Kaffee mit ein paar Stückchen Schokolade, so haben Sie gute Aussichten, Verdauungsprobleme zu bekommen. Doch können Sie dafür nicht die Schokolade verantwortlich machen.

Denn die gesättigten Fettsäuren im Fleisch sind schwer bekömmlich, und durch die gekochten Lipide der Pommes frites verändern sich bestimmte Verdauungsenzyme. Die Pommes frites bewirken insbesondere eine Veränderung der chemischen Struktur der Fettsäuren, die vom Dünndarm schlecht absorbiert werden und Blähungen, Magengeschwüre und Leberschädigungen hervorrufen. Sie werden zugeben, daß es schon beinah böswillig ist, unter diesen Umständen die Schuld an den Verdauungsbeschwerden auf die Schokolade zu schieben.

Untersuchungen haben allerdings ergeben, daß Schokolade den Tonus des unteren Schließmuskels der Speiseröhre verringert, wodurch es zum Rückfluß des Speisebreis vom Magen in die Speiseröhre kommen kann.

Ich bin jedoch überzeugt, daß jeder, der behauptet, Schokolade nicht zu vertragen, zwischen den Mahlzeiten, z.B. gegen 17 oder 23 Uhr, durchaus einige Stückchen schwarzer Schokolade mit hohem Kakaoanteil essen kann.

Frage: Ist Schokolade schwerverdaulich?

Antwort: Nein, wenn die Schokolade von ausgezeichneter Qualität ist und man sie nicht nach einem zu üppigen Mahl verzehrt.

6. Vorurteil:

Schokolade verursacht Verstopfung

Im 18. Jahrhundert warf man der Schokolade vor, Verstopfungen zu verursachen, wobei es sich jedoch nicht um Darmverstopfung handelte. Die Ärzte glaubten nämlich damals, daß die Nahrung nach dem Kochen im Magen unverändert ins Blut gelangt. Da die Schokolade von cremiger Beschaffenheit war, nahmen sie an, die dickflüssige Substanz könne die Arterien, Venen und Lymphgefäße verstopfen.

Seltsamerweise wird in der umfangreichen medizinischen Literatur die Schokolade nie mit Stuhlverstopfung in Verbindung gebracht, wie das heute der Fall ist.

Das in Schokolade enthaltene Tannin könnte aufgrund seiner adstringierenden Eigenschaften eine Verlangsamung des Stuhls im Darm bewirken. Stattdessen stimulieren sie jedoch die Kontraktilität der glatten Muskelfasern der Darmwände und fördern so die Peristaltik.

Von Forschergeist getrieben, wollten Radiologen die durch Schokolade bewirkten Veränderungen im Verdauungstrakt untersuchen. Zu ihrer Überraschung stellten sie fest, daß die Verdauung sogar beschleunigt wird.

Die Menge der am Tag verzehrten Schokolade wirkt sich kaum auf die Verdauung aus: Die Verstopfung ist häufiger auf ungenügende Flüssigkeitsaufnahme und eine zu ballaststoffarme Ernährung (Obst, grünes Gemüse, Hülsenfrüchte, Getreideprodukte und Vollkornmehl) zurückzuführen.

Frage: Verursacht Schokolade Verstopfung?

Antwort: Nein.

7. VORURTEIL:

Schokolade löst Allergien aus

Die im Volksmund und auch von einigen Ärzten verwendete Bezeichnung Lebensmittelallergie für alle Formen von Nahrungsmittelunverträglichkeit ist falsch.

Man muß nämlich die nur selten vorkommende echte Lebensmittelallergie (0,3 bis 7 % der Kinder) von der Lebensmittelunverträglichkeit unterscheiden, die dreimal so häufig ist und bei der keine Störung des Immunsystems nachgewiesen wurde.

Die echte Lebensmittelallergie

Das Wort Allergie leitet sich vom griechischen „allos“ = anders und „ergos“ = Reaktion ab. Der Begriff wurde 1910 von Von Pirquet zur Bezeichnung einer Reaktion des Organismus verwandt, die nichts mit der bereits bekannten infektiösen Reaktion zu tun hatte.

Allergisch zu sein bedeutet anders zu reagieren, d.h. eine Empfindlichkeit gegenüber Stoffen, die bei vielen anderen keine Wirkung hervorrufen. Diese Stoffe, die die Störung hervorrufen, werden „Allergene“ genannt. Zu den Lebensmittelallergenen gehören Eier, Kuhmilch, Fisch, Schalentiere, Nüsse und Zitrusfrüchte.

Die allergische Reaktion des Körpers gegenüber einem Nahrungsmittelallergen (oder Trophallergen) ist übersteigert und krankhaft, da sie die Gesundheit schädigt und die Sensibilität des Betroffenen bei einem späteren Kontakt mit dem Antigen erhöht.

Der Begriff Allergie verbindet sich mit der Vorstellung von Überempfindlichkeit. Das Protein des allergieauslösenden Produktes gelangt in den veränderten Verdauungstrakt, wo die Immunglobuline A ihre Schutzfunktion nicht erfüllen und wo bestimmte anfällig gewordene Zellen (die Mastzellen mit dem Immunglobulin E) sich ebenfalls als unwirksam erwiesen haben.

Die Allergie ist oft erblich bedingt und gekennzeichnet durch Überempfindlichkeit und Hyperaktivität.

Die Symptome sind zahlreich und vielfältig. Am häufigsten treten auf:

• Nesselsucht	72,5 %
• Verdauungsstörungen	70 %
• Asthma	25 %
• Schnupfen	23 %
• Ekzeme	22 %
• Kopfschmerzen	13 %
• Anaphylaktischer Schock	8 %

Eine Lebensmittelallergie zu diagnostizieren ist schwierig und hängt vom Zufall ab. Die Gastroenterologen bestreiten oftmals, daß eine Allergie vorliegt, während die Allergologen allzu häufig von Allergie reden. Für eine Lebensmittelallergie müssen folgende Bedingungen erfüllt sein:

- Es besteht eine bekannte, persönliche und familiäre allergische Veranlagung, die bereits in Form von Asthma, Schnupfen, Ekzemen oder Nesselsucht aufgetreten ist, oft in Verbindung mit einer Pollen- und Hausstauballergie.

- Man hat zuviel von einem bestimmten Nahrungsmittel gegessen. Dadurch kommt es zu Beschwerden in Verbindung mit der Aufnahme des verdächtigen Allergens. Die meisten Reaktionen werden durch folgende Nahrungsmittel hervorgerufen:

• Fisch	13 %
• Eier	13 %
• Schalentiere	9,7 %
• Kuhmilch	9,3 %
• Sellerie	9,3 %
• Erdbeeren	9,3 %
• Hülsenfrüchte	4,2 %
• Weizenmehl	4,2 %
• Erdnüsse	2,3 %
• Muscheln	2,3 %
• Rindfleisch	2,3 %
• Kartoffeln	1,9 %
• Schokolade	1,5 %

- Hauttests können ebenfalls die Diagnose bestätigen. Dabei wird das verdächtige Allergen unter die Haut gespritzt. Bei positivem Befund stellt man eine lokale Reaktion fest, die von der Hautrötung bis zur Schwellung (Papel) mit Juckreiz reichen kann.

- Zudem gibt es auch sublinguale Stimulationstests, bei denen das Allergen von den Venen auf der Unterseite der Zunge absorbiert wird. Sie sind aufschlußreich, können jedoch gefährlich sein, da sie möglicherweise heftige Reaktionen auslösen. Außerdem müssen sie unter strenger medizinischer Überwachung durchgeführt werden.

- Im Labor kann man versuchen, im Blut des Patienten Antikörper (Ig E) zu identifizieren, die sich zur Bekämpfung der Allergie gebildet haben. Der bekannteste Test ist der RAST, bei dem das Nahrungsmittelallergen mit dem Blut des Betroffenen, das Antikörper enthält, zusammengebracht wird, um die Reaktion zu beobachten. Man kann jedoch auch die Degranulation der Mastzellen testen, um bei Auftreten des Antigens, d.h. des verdächtigen Nahrungsmittels, die Freisetzung von Antikörpern durch ein weißes Blutkörperchen auszulösen.

  Streng genommen müßten bei der Nahrungsmittelallergie sowohl die Haut- als auch die Bluttests einen positiven Befund ergeben.

- Der letzte mögliche Test besteht darin, einen Monat lang auf das beanstandete Produkt zu verzichten und es bei Erfolg wieder in beträchtlicher Menge zuzuführen, um das plötzliche Auftreten allergischer Reaktionen zu beobachten.

Nach diesen allgemeinen Angaben können wir uns jetzt mit der Schokolade befassen:

- Wenn Hauttests zur Überprüfung von Schokoladen-Überempfindlichkeit an einer Gruppe von Allergikern durchgeführt werden (ohne vorher zu wissen, ob sie nach dem Verzehr von Schokolade äußerlich erkennbare Symptome aufweisen), so sind diese Tests laut Maslansky in 67 % der Fälle positiv, während die Zahlen in den beiden Studien von Fries bei 69 % und 76 % liegen.

- Dagegen besteht nach Angaben der Testpersonen kein Zusammenhang zwischen der Häufigkeit auftretender äußerlich erkennbarer Symptome nach dem Verzehr von Schokolade und der Häufigkeit positiver Befunde bei Hauttests, wie die unterschiedlichen Untersuchungsergebnisse der verschiedenen Autoren zeigen.

	Anzahl der Personen mit äußerlich erkennbaren Symptomen von Schokoladenunverträglichkeit	Hauttests mit positivem Befund in %
Zeitz	17 %	0 %
Bullock	11 %	10 %
Maslansky	10 %	10 %
Ogle	15 %	13 %
Fries	25 %	72 %

- Im übrigen sind die Hauttests insofern problematisch, als nicht immer vom gleichen Testmaterial ausgegangen wird und daher oft zahlreiche Fehler auftreten. So werden für die Tests nämlich entweder Pulver von Kakaobohnen oder im Handel erhältliches Schokoladenpulver verwendet. Wie Zohn jedoch gezeigt hat, hängt die Häufigkeit des positiven Befunds bei den Tests stark von der verwendeten Substanz ab:

Material	Positiver Hauttestbefund in %
Kakaobohnen	50 %
Schalen der Kakaobohne	47 %
Keime der Kakaobohne	27 %
Kakaomasse	17 %
Handelsübliches Kakaopulver	17 %
6 verschiedene Schokoladensorten	0 %

Dies erklärt sich aus den Umwandlungen der Kakaobohne während des Herstellungsverfahrens. Die rohe Kakaobohne hat eine starke Antigen-Wirkung. Nach dem Rösten, Trocknen und Conchieren verändern sich jedoch die Glykoproteine des Kakaos. In der Endphase liegt die Häufigkeit von Schokoladenallergie bei Null, wie durch Hauttests bewiesen wurde.

- Die meisten Untersuchungen werden an Gruppen von Kindern durchgeführt, deren Darm-Immunglobuline nicht genügend ausgereift sind. Man muß wissen, daß die Häufigkeit von Lebensmittelallergien bei Erwachsenen beträchtlich zurückgeht.

  In einigen Doppelblindversuchen[1] geht man streng wissenschaftlich vor: Man verabreicht abwechselnd undurchsichtige Gelatinekapseln, die entweder Schokoladenpulver enthalten oder eine reaktionsunfähige Placebosubstanz[2].

- Maslanski testete achtzehn Personen mit äußerlich erkennbaren Symptomen einer Schokoladenallergie: Bei drei Personen traten durch die Schokolade Störungen auf, nicht aber durch das Placebo. Nur einer von ihnen hatte einen positiven Hauttestbefund.

- Zeitz testete seinerseits vierzehn Personen:

• Vier reagierten auf die Schokolade und nicht auf das Placebo;
• vier zeigten keinerlei Reaktion, weder auf die Schokolade noch auf das Placebo;
• vier reagierten sowohl auf die Schokolade als auch auf das Placebo;
• zwei reagierten auf das Placebo und nicht auf die Schokolade.
• Bei allen waren übrigens Haut- und Bluttests negativ.

- Schließlich wurde der Begriff der äußerlich erkennbaren Symptome der Schokoladenallergie nach positiven Haut- und Bluttests in keiner Studie definiert.

Wir wollen die Möglichkeit äußerlich erkennbarer Symptome nicht leugnen, wenngleich die Schokoladenallergie objektiv, zuverlässig und wiederholbar in keiner Studie nachgewiesen werden konnte. Den Betroffenen kann

1 Es gibt drei Arten von Untersuchungen, um Produkte zu testen:
- der offene Versuch, bei dem der behandelnde Arzt und der Patient die Art des getesteten Produkts kennen,
- der einfache Blindversuch, bei dem nur der Arzt die Art des Produkts kennt,
- der Doppelblindversuch, bei dem Arzt und Patient die Art des getesteten Produkts nicht kennen, was jede Möglichkeit der Einflußnahme ausschließt. Nur die für die Auswertung der Ergebnisse verantwortliche Person ist über die Art des Produkts informiert.

2 Placebo: neutrale Substanz als Ersatz für das Testprodukt

man in solchen Fällen statt radikaler Enthaltsamkeit eine wirkliche Desensibilisierung vorschlagen, wie sie von einigen Ärzten praktiziert wird.

Asthmatiker dagegen, die auf Schokolade nicht allergisch reagieren, sollten regelmäßig Schokolade essen, da die darin enthaltenen Xanthine eine krampflösende Wirkung auf die Bronchien haben und die Atemnot lindern.

Die Schokoladen-Unverträglichkeit

Die Schokolade ist ein Nahrungsmittel, das wie Eiweiß, Fisch, Schweinefleisch, Tomaten und Erdbeeren die Freisetzung von Histamin fördert.

Außerdem enthält die Schokolade Tyramin (wie in Schweizer Käse, Roquefort und Briekäse, Hering oder Bierhefe), das ebenfalls Histamin freisetzt.

Schließlich tragen die in Schokolade enthaltenen Stoffe Phenylethylamin und Theobromin zur Verstärkung der histaminbedingten Symptome bei.

Histamin kann jedoch Asthmaanfälle auslösen, denn es führt zu Verkrampfungen der glatten Muskulatur der Bronchienwände und fördert die Schleimabsonderung. Zudem kann es Nesselsucht auslösen, da es die Gefäße erweitert, wodurch rote Flecken, Juckreiz und Ödeme auftreten, die mit Kopfschmerzen verbunden sein können.

Die Unterscheidung zwischen Allergie und Lebensmittelunverträglichkeit ist schwierig, denn die Reaktionen gehen oft ineinander über. Manche histaminfreisetzenden Substanzen können sensibilisierend wirken und Histamin kann bei echten allergischen Reaktionen freigesetzt werden.

Frage: Kann Schokolade Allergien auslösen?

Antwort: In seltenen Fällen. Nur Personen, die bereits unter Allergien wie Asthma, Heuschnupfen oder Nesselsucht leiden, kommen in Frage und nur ca. 15 % davon reagieren auf Schokolade allergisch.

8. VORURTEIL:

Schokolade löst Migräne aus

Migräne wird definiert als „*ein erblich bedingtes Leiden, das charakterisiert ist durch wiederholte Anfälle meist halbseitiger und pochender Kopfschmerzen, oft mit Übelkeit und Erbrechen, seltener mit Sehstörungen oder Stimmungsschwankungen*".

In neun von zehn Fällen handelt es sich um Kopfschmerzen und nicht um Migräne; Kopfschmerzen aufgrund von Verspannungen, Bluthochdruck, HNO-Problemen, hirnhautbedingten Ursachen und Gehirntumoren haben nichts mit Migräne zu tun.

Jede zehnte Person leidet unter Migräne, zwei Drittel davon Frauen.

Migräneanfälle sind auf plötzliche Blutdruckveränderungen zurückzuführen. In der ersten Phase kommt es zu Vorboten mit Verkrampfungen im Bereich der Blutgefäße des Gehirns und schwacher Hirndurchblutung. Danach findet eine Gefäßerweiterung statt, bei der Algogene[3] freigesetzt werden, wodurch Kopfschmerzen auftreten. Doch dieses „Gefäßgewitter" hängt eng mit neurologischen Erscheinungen zusammen: Der Trigeminus ist der Migränenerv. Wird er gereizt, verändert sich die Durchlässigkeit der Gefäße in der harten Hirnhaut. Diese Phänomene hängen von verschiedenen chemischen Substanzen ab, dem Serotonin, Dopamin, Noradrenalin und den Endorphinen.

Bestimmten Untersuchungen zufolge soll Schokolade in 19 bis 26 % der Fälle der auslösende Faktor sein.

Unter seinen 22 Testpersonen, alle große Schokoladenesser (mehr als 100 g pro Tag), fand Dr. Favre-Bismuth jedoch niemanden mit Migräne. Es gibt somit anlagebedingte Faktoren.

Die Bedingungen für das Auftreten von Migräne lassen sich in zwei Gruppen einteilen. Zum einen gibt es bestimmte allergiebedingte Gründe, die, wie wir gesehen haben, damit zusammenhängen, daß Schokolade ein Lebensmittel-Allergen sein kann und Kopfschmerzen in 13 % der Fälle zu den Symptomen einer Nahrungsmittelallergie gehören. Doch konnte diese

3 schmerzerzeugende Substanzen.

Ätiologie durch aufeinander abgestimmte Haut- und Bluttests bekanntlich nicht sicher nachgewiesen werden.

Zum anderen sind oft pharmakologische Faktoren die Ursache für eine Lebensmittelunverträglichkeit gegenüber bestimmten Substanzen wie Tyramin, Phenylethylamin, Koffein und Theobromin, die in der Schokolade enthalten sind.

Das Tyramin

100 g Schokolade enthalten ca. 1,2 mg Tyramin. Im Organismus oxidieren 85 % des Tyramins zu einer inaktiven Substanz, was auf die Reaktion eines Enzyms, der Monoaminoxydase (M.A.O.), zurückzuführen ist. Wenn dieses Enzym nicht in ausreichendem Maße vorhanden ist, häuft sich das Tyramin im Körper und löst Migräne aus.

Sandler untersuchte den Gehalt der M.A.O. in den Blutplättchen bei Migräne-Patienten und Testpersonen nach Verabreichung von Gelatinekapseln mit 100 mg Tyramin.

	Testpersonen ohne Migräne	Migräne-Patienten	Migräne-Patienten mit Schokoladen-Unverträglichkeit
M.A.O.-Gehalt der Blutplättchen	28,48 +/- 2,64	13,52 +/- 1,6	11,80 +/- 1,26

Bei den Migräne-Patienten ist der M.A.O.-Gehalt während der Schmerzanfälle, aber auch zwischen den Anfällen niedrig.

Die 15 % Tyramin, die nicht oxidiert werden, vereinigen sich mit einem Sulfat.

Dieser Enzym-Mangel erklärt jedoch nicht alles, denn dann müßte er angeboren sein. Doch Migräne tritt nur bei 26 % der eineiigen Zwillinge und bei 16 % der zweieiigen Zwillinge auf.

Doch der schädliche Einfluß von Tyramin ist erwiesen. Hanington untersuchte sechs Personen mit schokoladebedingter Migräne. Die Schmerzanfälle blieben aus, wenn der Schokolade das Tyramin chemisch entzogen wurde.

Vinaker testete seinerseits 44 Personen, die wegen Allergie oder Migräne behandelt wurden. Er verabreichte ihnen eine Gelatinekapsel mit 100 mg Tyramin: 39 Testpersonen zeigten keinerlei Reaktion. Doch fünf hatten positive Ergebnisse, vier litten unter Kopfschmerzen und einer unter Nesselsucht. Bei den fünf Betroffenen gab es zwei Fälle von Überempfindlichkeit gegenüber Histamin und ein Fall von Spasmophilie.

Auch andere Nahrungsmittel enthalten Tyramin und können Migräne auslösen:

- Camembert 2 mg/100 g
- Briekäse 18 mg/100 g
- Gruyère 52 mg/100 g
- Bierhefe 150 mg/100 g
- Hering 300 mg/100 g
- ebenso Räucherwurst und bestimmte Weine wie Portwein, Sherry, Sauterne, Chianti und Riesling.

Von den 494 Migräne-Patienten, die von Peatfield untersucht wurden, hatten

- 74 Migräne nach dem Verzehr von Schokolade und Käse,
- 9 Anfälle bei Schokolade, nicht aber bei Käse,
- 5 Kopfschmerzen bei Käse, nicht aber bei Schokolade.

Außerdem erhöhen sich durch häufigen Verzehr von Stärkeprodukten die Verdauungsfermente, was die Produktion von Tyramin durch die Darmflora anregt.

Phenylethylamin

Unterschiedliche Angaben finden sich hinsichtlich des Phenylethylaminanteils der Schokolade. Hanington spricht von 11 mg, während Schweitzer nach zahlreichen Dosierungen max. 1,5 mg in 100 g schwarzer Schokolade und 0,04 mg in 100 g Milchschokolade festgestellt hat. Chaytar dagegen fand Konzentrationen von 0,01 bis 0,1 mg/100 g. Diese Werte sind nicht unerheblich, denn ein sehr geringer Anteil läßt die Rolle des Phenylethylamins, das bei Experimenten mit hohen Konzentrationen in Verdacht geriet, unwahrscheinlich werden.

Hanington löste mit Gelatinekapseln mit 11 mg Phenylethylamin bei einigen Probanden Migräneanfälle aus.

Sandler erzeugte mit Gelatinekapseln von 6 mg in 78 % der Fälle Migräne, gegenüber 6 % bei Milchzucker-Placebo.

Phenylethylamin findet sich auch in Käse und einigen Rotweinen. Es soll auf Gefäße einwirkende Substanzen freisetzen und dadurch das Auftreten von Migräne fördern.

Auch hier soll ein Enzymmangel eines M.A.O.-Isomers verantwortlich sein.

Koffein und Theobromin, die in der Schokolade enthalten sind, wurden nur selten verdächtigt, Migräne auszulösen. Bei Absetzung dieser Substanzen soll es dagegen zu Kopfschmerzen kommen.

Doch die Doppelblindversuche von Moffett über das Verhältnis zwischen Migräne und Schokolade sind immer noch von größter Bedeutung. 1974 führte er eine erste Untersuchung an 25 Probanden im Alter von 22 bis 62 Jahren durch, die erklärten, durch den Verzehr von Schokolade Migräne zu bekommen. Die Testpersonen nahmen zwei Wochen lang täglich 44 g Schokolade mit 41 % Kakaoanteil zu sich. In den beiden folgenden Wochen nahmen sie 44 g eines Placebos ein, das in Geschmack und Aussehen der Schokolade ähnelte und aus Zucker, Reismehl, Pflanzenfetten, Farbstoffen, Emulgatoren und Aromastoffen bestand.

Von den 25 Testpersonen hatten elf keine Migräne, vierzehn bekamen Migräneanfälle. Bei acht von ihnen kam es nach dem Verzehr von Schokolade zu Schmerzanfällen, bei fünf nach dem Placebo und bei einem nach der Schokolade und dem Placebo.

Moffett führte nun ein weiteres Experiment an den 14 Personen durch, die beim ersten Test Migräne bekommen hatten. Zwei Wochen lang verzehrten sie Schokolade mit 45 % Kakaoanteil. Die Dosierung reichte von 44 bis 62 g je nach Körpergewicht der Probanden. In den folgenden zwei Wochen bekamen sie ein Placebo. Es kam zu neun Migräneanfällen: fünf nach dem Verzehr von Schokolade, drei nach dem Verzehr des Placebos und einer nach Schokolade und Placebo. Doch nur zwei Personen hatten bei den beiden Untersuchungen identische Ergebnisse.

Im selben Jahr führte Moffett einen dritten Doppelblindversuch mit 100 Personen durch, die erklärt hatten, von Schokolade Migräne zu bekommen. Bei niemandem wurde eine Zunahme der Migräneanfälle nach dem Verzehr von Schokolade oder der Einnahme von Gelatinekapseln mit Tyramin oder Phenylethylamin festgestellt.

Somit scheint sich die Vermutung von Hanington zu bestätigen, wonach die Schokolade nicht alleine verantwortlich für die Entstehung von Migräne sein kann, die zahlreiche Ursachen hat. Weitere Faktoren sind nötig, um einen Schmerzanfall zu bewirken. Dabei kann es sich um Hypoglykämie, Alkohol, Streß, zusätzlichen Verzehr von Käse oder um die Menstruation handeln.

Frage: Löst Schokolade Migräne aus?

Antwort: Nein.

Der Polarforscher Fridtjof Nansen, der mit dem Schiff „Fram" eine ergebnisreiche Fahrt im Nordpolarmeer unternahm, ernährte sich wie auch Roald Amundsen von Schokolade. (Sammlung Kunstbibliothek, Berlin)

9. VORURTEIL:

Schokolade begünstigt Akne

Wenn eine Krankheit harmlos ist wie Akne, aber chronische Formen annimmt, was bedeutet, daß keine wirklich erfolgreiche Behandlung gefunden wurde, werden von allen Seiten die unterschiedlichsten Ratschläge erteilt. Früher gab man den jungen Mädchen zu verstehen, sie sollten heiraten. Wenn das nichts nützte, sollten sie Kinder bekommen. Auch heute noch zieren Pickel die jugendliche Stirn, auch wenn aufgrund sexueller Freizügigkeit nicht mehr die Jungfräulichkeit daran schuld ist! Viel Aberglaube rankte sich schon immer um das Thema Akne. Einem dieser Ratschläge zufolge mußte man bestimmte Nahrungsmittel strikt meiden.

Der Jugendliche war wahrscheinlich durch sein Pickelgesicht noch nicht genug gestraft. Wie ist es sonst zu erklären, daß man ihm eine so strenge Diät auferlegen wollte, ganz als wolle man ihn nicht heilen, sondern bestrafen! Mal stand Schweinefleisch auf der Verbotsliste, ganz besonders Wurstwaren, mal waren es Süßigkeiten und vor allem Schokolade, die den Ernährungsberatern, um Verbote nie verlegen, schon immer ein Dorn im Auge war.

Akne hat nicht nur eine Ursache, oder zumindest ist sie uns bisher nicht bekannt. Dagegen weiß man, daß bestimmte Faktoren zusammengenommen diese Hauterkrankung begünstigen:

- Der Talg, der aus verschiedenen Hautfetten besteht, wird unter dem Einfluß von Androgenen von den Talgdrüsen der Haut in zu großem Maße abgesondert.
- Die Hornzellen an den Ausführungsgängen des Haarschafts erneuern sich ständig. Die toten Zellen werden abgestoßen, doch aus unbekanntem Grund ändert sich bei der Akne ihre Konsistenz. Sie verstopfen schließlich die Haarfollikel, die sich ausdehnen und einen Pickel entstehen lassen.
- Am Ende des Haarfollikels kommt der eingeschlossene Talg mit Keimen wie „Propioni bacterium acnes“ in Berührung. Diese Bakterie fördert die Bildung von Fettsäuren, die zu Hautirritationen führen. Es bildet sich ein Komedon, das sich infizieren kann und eine Pustel entstehen läßt.

Kann die Ernährung für Akne verantwortlich sein? Diese Vorstellung scheint in der Bevölkerung noch immer recht lebendig zu sein. In unserer Umfrage (siehe Anhang S. 214) wurde die Frage „Begünstigt Schokolade Akne?" von 40 % mit JA beantwortet, für NEIN stimmten 38 % und 22 % hatten keine Meinung. In der Untersuchung, die 1988 von „O.K. Magazine" repräsentativ an 2079 Jugendlichen durchgeführt wurde, gaben 57 % zu, sehr gern Süßigkeiten zu essen, 40 % glaubten, daß der Verzehr von Schokolade die Pickel „blühen" läßt, 36 % waren der Ansicht, daß Schokolade hierbei keine Rolle spiele und 24 % hatten keine Meinung.

Wie sieht es tatsächlich aus? Gibt es eine wissenschaftliche Reaktion auf diese Befragung?

Es hat sich in der Tat gezeigt, daß absolutes Fasten die Talgproduktion um etwa 30 % reduziert.

Dagegen haben Diät oder Verzicht auf bestimmte Speisen keinen Einfluß: Das ist zumindest die Ansicht von Grant (1965), Fulton (1969) und Emerson (1972). Zweifel dagegen hat Mac Donald (1968), und Mackie (1974) geht von anderen Hypothesen aus.

Grant verabreicht den Personen, die davon überzeugt sind, daß Schokolade in ihrem Fall Akne auslöst, zahlreiche Tafeln Schokolade, ohne jedoch eine Verschlimmerung ihres Hautbildes festzustellen.

Fulton vergleicht in einem Doppelblindversuch an 650 Jugendlichen die Wirkung eines Schokoriegels und eines Zuckerriegels von je 113 g mit etwa der gleichen Menge an Zucker und Pflanzenfett. Jeder Proband erhält einen Monat lang einen Riegel pro Tag.

Zusammensetzung	Schokoriegel	Test-Riegel
Kalorien	557	592
Kakaolikör mit 55 % Kakaobutter	46	0
Rohrzucker	44	53
Milcheiweiß	0	14
Kakaobutter	9	0
Pflanzenfett	0	28

Hautbild	Schokoriegel	Test-Riegel
Verschlimmerung	13 %	11 %
gleichbleibend	72 %	81 %
Verbesserung	15 %	8 %

Es besteht somit kein nennenswerter Unterschied zwischen dem Verzehr eines Schokoriegels und eines Testriegels. Außerdem bleibt die Zusammensetzung des Talgs unverändert.

Daraus schließt Fulton:
„Der Verzehr sehr großer Mengen Schokolade ist äußerlich ohne Folgen für die Akne geblieben und hat sich biologisch nicht auf die Produktion und Zusammensetzung des Talgs ausgewirkt."

Fultons Schlußfolgerungen wurden 1970 von Minkin und 1972 von Emerson bestätigt.

Mackie geht davon aus, daß die große Anzahl gesättigter Fettsäuren in der Kakaobutter zur Verdickung des Talgs führen kann. Heute weiß man, daß die Fettsäuren weitaus ungesättigter sind als angenommen. Er glaubt auch, daß das Xanthin und die Saccharose in der Schokolade den Insulinspiegel im Blut erhöhen, wodurch die Lipoproteinlipase angeregt würde. Doch dieses Enzym wird im Blutkreislauf wirksam, wo es die Ablagerung der Fettsäuren in Form von Triglyceriden fördert, um Fettreserven anzulegen. Außerdem gibt es keinen Beweis dafür, daß sich Schokolade auf die Neutralfette des Hauttalgs auswirkt, die, wie wir gesehen haben, beim Verzehr von Schokolade nicht zunehmen.

Schließlich zeigt sich, daß keine medizinische Studie überzeugend nachweist, daß sich Akne durch den Genuß von Schokolade verschlimmert. Bei der Untersuchung von Akne bei Jugendlichen darf man auch die psychischen Faktoren nicht außer acht lassen: Insbesondere Prüfungsstreß fördert Akne und erhöht die Talgabsonderung, was Kaminester zu dem Schluß kommen läßt:
„Die Ernährung spielt keine Rolle bei der Behandlung von Akne-Patienten und selbst der Verzehr großer Mengen Schokolade führt zu keiner Verschlimmerung der Akne."

Frage: Begünstigt Schokolade Akne?

Antwort: Nein.

10. Vorurteil:

Schokolade führt zu Karies

Als eine der ersten Plagen der Menschheit hat Karies schon die Backenzähne des Australopithekus befallen. Heute haben über 90 % der europäische Bevölkerung Karies und mit 15 Jahren haben nur 8 % der Kinder noch keine Zahnfäule.

Als Voraussetzung für Karies müssen nach Keys vier Faktoren gegeben sein:
• Mikroorganismen, die zur Bildung von Zahnbelag führen, denn Karies ist vor allem eine bakterielle Erkrankung. Die Keime und insbesondere der „Steptococcus mutans" können den Zuckerstoffwechsel verändern und Säuren produzieren, die das mineralische Gewebe des Zahnschmelzes angreifen. Ohne Bakterien gibt es keine Karies.

• Die Zusammensetzung der Nahrung:
Sie ist von entscheidender Bedeutung, vor allem hinsichtlich ihres Zuckeranteils (Traubenzucker, Fruchtzucker, Milchzucker, Malzzucker, Saccharose, Stärke), der das Entstehen von Zahnbelag fördert, sobald der Zucker mit dem Zahn in Berührung kommt. Experimente haben gezeigt, daß eine Ratte bei sehr zuckerhaltiger Ernährung, die über eine Magensonde eingeführt wurde, keine Karies bekam.

• Veranlagung:
Wir erben einen mehr oder weniger guten Zahnschmelz, eine besondere Speichelzusammensetzung und ein unterschiedliches Immunsystem. Daher ist die Anfälligkeit für Karies individuell verschieden.

• Die Zeit:
Die Zeit, in der der Zucker mit dem Zahn in Berührung ist, spielt eine wichtige Rolle hinsichtlich des Haftungsgrades am Zahnschmelz und des Abstands bis zum nächsten Zähneputzen.

Welche Folgen hat der Verzehr von Kohlenhydraten?

• Man kann den Säuregehalt im Mund durch den pH-Wert messen. Wenn wir den Mund mit Zuckerwasser ausspülen, sinkt der pH-Wert in einigen

Minuten auf 4,5 oder darunter. Wenn dieser Wert jedoch unter 5,5 liegt, findet eine Entmineralisierung des Zahnschmelzes statt, und es entsteht Karies. Dieser Rückgang des pH-Wertes im Mundbereich geschieht durch Säuren. Diese werden von den Bakterien des Zahnbelags produziert, die den Zuckerstoffwechsel verändern.

• Deshalb bemühte man sich, den Säuregehalt der Nahrungsmittel zu messen. Kakao oder eine Tafel Schokolade gehören jedoch zu den Nahrungsmitteln, die am wenigsten Säure produzieren. Außerdem hängt die Menge des aufgelösten Zahnschmelzes nicht nur von der produzierten Säuremenge ab, denn die Untersuchung von Milchschokolade hat gezeigt, daß sie zwar viel Säure produziert, den Zahnschmelz aber nur in geringem Maße entmineralisiert. Dagegen erzeugt Weißmehl nur wenig Säure, entmineralisiert jedoch den Zahnschmelz zehnmal stärker.

Lebensmittel	Säurebildung M Na OH/cm3	Aufgelöster Zahnschmelz mg
Kokosnuß-Schokoriegel	11,1	1,1
Weißmehl	4,9	1
Kleie-Getreideflocken	16,2	0,1
Milchschokolade	13,2	0,1

So konnte Mundorff eine Liste der Lebensmittel nach ihrer Kariesgefährlichkeit aufstellen: Der Saccharose, d.h. Streu- oder Würfelzucker, gab er dabei willkürlich den Index 1:

Mortadella	0,3
Joghurt	0,3
Erdnüsse	0,5
Schokolade	0,8
Zucker	1
Brot	1,2
Müsli-Riegel	1,7
Pommes frites	1,8
Banane	1,8
Rosinen	2

Wichtig ist auch, wie die Lebensmittel verabreicht werden. Eine schwedische Untersuchung hat gezeigt, daß man die tägliche Zuckermenge von 30 auf 330 g steigern kann, ohne daß sich die Karieshäufigkeit erhöht, vorausgesetzt man nimmt den Zucker während der Mahlzeiten zu sich. Doch stark zuckerhaltige Speisen und Getränke zwischen den drei Hauptmahlzeiten sind allzu häufig und fördern neben der Gewichtszunahme auch Karies. Experimente an Tieren zeigen deutlich, daß ein Zusammenhang zwischen der Häufigkeit der Säureangriffe und der Zahl der Kariesfälle besteht. Die nachfolgende Tabelle zeigt bei Ratten eine Zunahme der durchschnittlichen Karieshäufigkeit mit Zunahme der Mahlzeiten.

Häufigkeit der Zuckeraufnahme pro Tag	Anzahl der Kariesfälle
12	0,7
18	2,2
24	4
30	4,7

Auch wie lange ein Nahrungsmittel oder ein Getränk im Mund bleibt, ist für das potentielle Auftreten von Karies von Bedeutung: Von Bibby durchgeführte Tests zeigen, daß entgegen der weit verbreiteten Ansicht klebrige Lebensmittel wie Karamelbonbons oder Kuchen nicht so lange im Mund bleiben wie Brot oder Rosinen.

	verbleibende Zuckermenge ...		
Lebensmittel	nach 5 Minuten	nach 15 Minuten	nach 30 Minuten
Kekse	33,6	10,4	3,3
Pfefferminzbonbons	31,9	9,4	2,5
Weißbrot	16,1	10	3,6
Plätzchen	23,8	8,5	3,7
Milchschokolade	19	6,8	3
Karamelbonbons	19	4,2	2,5
Rosinen	16,8	5,7	3
Kartoffelchips	12,3	4,9	2,5
Kakao	7,4	3,8	1,9
Sodawasser	6,3	2,4	2,1

Es wurden bereits verschiedene Untersuchungen durchgeführt, um festzustellen, welche Verantwortung der Schokolade bei der Entstehung von Karies bei Mensch und Tier zukommt.

Banoczy untersuchte ein Jahr lang die Reaktion von Kindern im Alter von 3 bis 12 Jahren, denen er zwei kleine Tafeln Schokolade verabreichte, die eine mit 8 g Saccharose, die andere mit 8 g Sorbit. Der Ersatz von Saccharose durch Sorbit ließ die Kariesfälle von 9,5 auf 4,7 sinken, d.h. fast 50 % weniger. Doch wie wir gesehen haben, führt die Einnahme von zu großen Mengen an Sorbit zu einer deutlichen Erhöhung der Triglyceride, was auf lange Sicht die Entstehung von Herz-Kreislauferkrankungen begünstigen kann.

Dunning und Hodge haben zwei Jahre lang 9- bis 25jährige Internatsschüler untersucht. Sie stellten bei der Verabreichung von Kakao mit 6,3 % Saccharose 6,63 Fälle von Karies fest. Wenn der Kakao dagegen nicht mit Zucker, sondern mit Süßstoff zubereitet wurde, wurden nur noch 5,26 Kariesfälle festgestellt. Dieser kleine, aber bedeutsame Unterschied beweist, daß nicht der Kakao die Entstehung von Karies fördert, sondern allein der Zucker. Das Untersuchungsergebnis bleibt anfechtbar, denn die Einheitskost im Internat könnte durch Süßigkeiten verfälscht sein, die die Kinder von ihren Familien zugeschickt bekamen, oder durch nicht kontrollierte Ernährung während der Ferien, die außerhalb des Internats verbracht wurden.

Untersuchungen von Professor Paolino vom Technologischen Institut von Massachusetts haben ergeben, daß Kakao drei verschiedene Substanzen enthält, die eine starke Anti-Karies-Wirkung besitzen:

- Das Tannin, das 6 % Polyhydroxyphenol enthält, hemmt die Entwicklung der Mikroben, insbesondere des „Streptococcus mutans";
- das Fluor, das in der Konzentration von 0,05 mg/100 g enthalten ist und bekanntlich gegen Karies schützt, indem es insbesondere die Widerstandskraft des Zahnschmelzes stärkt;
- die Phosphate, die die Säuren abwehren, die sich bei der Umwandlung des Zuckers bilden.

So können wir bestätigen, was Blancardius bereits 1705 sagte:
„Die Schokolade ist nicht nur angenehm im Geschmack, sondern auch ein wahrer Balsam für den Mund, der Drüsen und Schleimhaut gesund erhält. Daher haben alle, die regelmäßig Schokolade essen oder trinken, einen so lieblichen Atem."

Frage: Führt Schokolade zu Karies?

Antwort: Nein.

Chromo-Lithografie-Plakat für Riquet-Schokolade von Ludwig Hohlwein, München, um 1925.

Kapitel III

DIE VERKANNTEN VORZÜGE DER SCHOKOLADE

Schokolade besitzt außergewöhnliche Ernährungseigenschaften

„Die unbekannte Neue Welt".
Azteken bei der Zubereitung des „Xocalatl". Kakaobohnen werden geröstet, gemahlen und mit Wasser und Gewürzen schaumig gerührt.
Monographie von Olaf Dapper.

Schon zur Zeit der Azteken hatte man erkannt, daß Schokolade sehr nahrhaft war, die Träger nahmen viermal am Tag welche zu sich und die Boten, die lange Strecken zurücklegten, wurden ausgiebig damit versorgt.

Wie bereits dargelegt wurde, hatte die Schokolade über die Jahrhunderte hinweg viele Anhänger, deren Behauptungen, wissenschaftliche Arbeiten und andere Bekundungen auf den hohen Nährstoffgehalt der Schokolade hindeuteten.

Im Hinblick auf die Zusammensetzung schwarzer Schokolade (siehe Anhang S. 202) werden nun ihre Hauptbestandteile auf den Nährstoffgehalt hin untersucht.

Proteine

Proteine sind große stickstoffhaltige Moleküle, die sich aus zehntausenden von Aminosäuren zusammensetzen, von denen nur etwa zwanzig für den Organismus von Bedeutung sind. Acht davon müssen über die Nahrung zugeführt werden, da der Organismus sie nicht selbst synthetisieren kann.

Die tägliche Proteinzufuhr eines Erwachsenen sollte 1 g pro Kilo Gewicht betragen, ein Mann mit einem Körpergewicht von 70 kg müßte demnach 70 g Proteine pro Tag zu sich nehmen. 100 g Schokolade liefern nur etwa 6 g Proteine, was nicht sehr viel ist, so daß ihr Verzehr allein nicht ausreicht. Es müssen somit andere Nahrungsmittel zugeführt werden, die mehr davon enthalten:

100 g	Proteinmenge
Fleisch	16 - 21 g
Fisch	17 - 27 g
Eier	13 g
Milchprodukte	3 - 16 g

Lipide

In 100 g Schokolade sind 27 g Fett enthalten. Wie bereits dargelegt wurde, begünstigen die Fettsäuren der Kakaobutter die Senkung der Cholesterinkonzentration im Blut. Der Verzehr von Schokolade schützt somit vor Herz-Kreislauf-Erkrankungen.

Kohlenhydrate

Die Menge ist unterschiedlich: je kakaohaltiger die Schokolade ist, um so weniger Zucker wird hinzugefügt. Eine Schokolade mit 53 % Kakaoanteil enthält 47 % Zucker, während eine Schokolade mit 70 % Kakaoanteil nicht mehr als 30 % davon aufweist. Wenn anstelle von Saccharose Polyole [1] und Süßstoff verwendet werden, sinkt der Nährwert der Schokolade jedoch kaum mehr als um 15 %.

Ballaststoffe

100 g Kakao enthalten:

- 4 g Lignin
- 2 g Zellulose
- 1,8 g Pflanzenmehl- und Quellstoffe
- 1,2 g Pentosane.

Diese Ballaststoffmenge ist ganz beachtlich, da in 100 g Vollkornbrot genausoviel enthalten ist. Ballaststoffe tragen dazu bei, die Darmtätigkeit zu regulieren und wirken somit der Verstopfung entgegen.

Die tägliche Ballaststoffzufuhr sollte 40 g betragen. Im Durchschnitt liegt sie jedoch nur bei einer Menge von 20 g.

Kalium

Kalium ist ein Metall, das den Wasserverlust außerhalb der Zellen verhindert. Ein gegenseitiges Gleichgewichtssystem der Zellmembran hält das Kalium innerhalb und das Natrium außerhalb der Zellen. Es ist auch an der Muskelerregbarkeit und dem Herzstoffwechsel beteiligt. Eine unzureichende Kaliumzufuhr kann zu Muskelermüdung und Krämpfen führen und ein Mangel sogar schwere Störungen, insbesondere im Herzbereich, verursachen.

Die vom Organismus benötigte Menge beträgt 500 – 3000 mg pro Tag. In 100 g Schokolade sind 400 mg Kalium enthalten, was eine ganz beachtliche Menge darstellt und besonders für Sportler interessant sein dürfte.

Magnesium

Magnesium beruhigt die Nerven und reguliert die Muskelerregbarkeit. Die Nahrungsmittel, die wir heute zu uns nehmen, enthalten aufgrund ausge-

1 Assimilierbare Kohlenhydrate, die keine Karies verursachen und die Masse zum Süßstoff bilden, der bereits in geringen Mengen seine Wirkung entfaltet.

laugter Böden und der Entwicklung von Stickstoffdünger nicht mehr so viel Magnesium wie früher. Außerdem haben die Raffinierung von Mehl und die nachlassende Vorliebe für Hülsenfrüchte zu einer Verschlimmerung der Situation geführt.

Magnesiummangel hat Müdigkeit, Angstzustände, Schlaflosigkeit, Verdauungsstörungen und vor allem Verstopfung zur Folge, ganz zu schweigen von den Symptomen, die mit Spasmophilie einhergehen.

Der empfohlene Tagesbedarf liegt bei 350 mg, in 100 g Schokolade sind 300 mg Magnesium enthalten.

Phosphor

Phosphor ist eines der wichtigsten Mineralstoffe unseres Körpers, in dem eine Menge von 700 g enthalten ist (600 g davon in den Knochen). In Verbindung mit Kalzium (in Form von Kalziumphosphat) bildet es die Grundlage der Knochen.
Der Tagesbedarf des Organismus beträgt:

600 – 900 mg bei Kindern zwischen 4 und 9 Jahren,
1000 mg bei Kindern zwischen 10 und 12 Jahren,
1400 mg bei Jugendlichen und Schwangeren,
800 mg bei Erwachsenen.

In 100 g Schokolade sind 280 mg Phosphor enthalten, was keineswegs zu verachten ist.

Oxalsäure

In 100 g Kakaopulver sind 700 mg und in schwarzer Schokolade etwa 200 mg Oxalsäure enthalten. Für Personen, die an Harnsteinen auf Oxalatbasis leiden, stellt dies ein Problem dar. Bei bekannter Oxal-Lithiasis ist vom Verzehr von Schokolade abzuraten.

Kalzium

Kalzium ist der wichtigste Mineralstoff des Körpers; im Organismus eines Erwachsenen sind 1200 mg enthalten. Kalzium ist an der Bildung der Knochen und Zähne beteiligt und spielt vor allem bei der Zellfunktion eine grundlegende Rolle.

Der empfohlene Tagesbedarf beträgt:

700 mg bei Kindern zwischen 4 und 9 Jahren,
900 mg bei Kindern zwischen 10 und 12 Jahren,
1000 mg bei Jugendlichen und Schwangeren,
800 mg bei Erwachsenen.

In 100 g Schokolade sind etwa 100 mg Kalzium enthalten, bei Milchschokolade ist es mehr, etwa 220 mg.

Natrium

In 100 g schwarzer Schokolade sind etwa 12 mg Natrium enthalten. Aufgrund dieser geringen Menge ist ihr Verzehr auch für die Personen erlaubt, die sich einer strengen salzlosen Diät unterziehen müssen (weniger als 1 g pro Tag). Milchschokolade, die bis zu 100 mg Natrium enthält, ist in diesem Fall jedoch zu meiden.

Eisen

Es ist schwierig, den Eisenbedarf des Organismus zu decken, da der Absorptionskoeffizient der Verdauung gering ist: beim Eisen des roten Blutfarbstoffes (Hämoglobin) beträgt er 25 % und beim Eisen pflanzlicher Herkunft nur 5 %.

Eisenmangel führt zu Anämie, die mit Müdigkeit, Kurzatmigkeit, verminderter Leistungsfähigkeit und Infektionsanfälligkeit einhergeht.

Zwar wird bei Männern der Eisenbedarf annähernd gedeckt, doch bei 90 % der Frauen zwischen 15 und 50 Jahren erfolgt eine zu geringe Eisenzufuhr.

Der empfohlene Tagesbedarf liegt zwischen 10 und 20 mg. Bei normaler Kost nimmt man durchschnittlich 10 bis 15 mg zu sich.

In 100 g Schokolade sind nur 3 mg Eisen enthalten, wovon lediglich 5 % absorbiert werden.

Kupfer

Kupfer ist von grundlegender Bedeutung, da es an der Bildung der Enzyme beteiligt ist, die für die Redoxreaktion der Zellen erforderlich sind. Außerdem wird es für die Synthese von Hämoglobin und Proteinen benötigt.

Der empfohlene Tagesbedarf beträgt 3 mg, in 100 g Schokolade ist 1 mg Kupfer enthalten.

Zink

Zink ist am Stoffwechsel der Keimdrüsen, an Vorgängen des Immunsystems und an der Hautfunktion beteiligt. Es kommt zu Mangelerscheinungen, wenn zuviel Nahrungsmittel mit einem hohen Gehalt an Phytinsäure verzehrt werden (Getreideprodukte, Vollkornbrot, Hülsenfrüchte, Nüsse). Die Folge sind Störungen der Hautfunktion.

Der Tagesbedarf beträgt 15 mg, in 100 g Schokolade sind 0,200 mg Zink enthalten.

Fluor

Eine ausreichende Zufuhr an Fluor ist notwendig, um die Funktion der Knochen, Sehnen, Zähne und Fingernägel aufrechtzuerhalten.

Der Tagesbedarf liegt bei 1 mg, in 100 g Schokolade sind 0,050 mg Fluor enthalten.

Jod

Jod ist am Schilddrüsenstoffwechsel beteiligt.

Der Tagesbedarf beträgt 0,12 mg. In 100 g Schokolade sind 0,005 mg Jod enthalten.

Beta-Carotin

Beta-Carotin ist eine Vorstufe von Vitamin A. Es stärkt das Immunsystem und wirkt dem Alterungsprozeß entgegen, indem es die Bildung von freien Radikalen[2] verhindert. Vor allem beugt es Krebserkrankungen vor. Der Gehalt an Beta-Carotin wird durch Umweltverschmutzung, Rauchen und Alkoholkonsum herabgesetzt. Ein Mangel begünstigt die Entstehung von Lungen- , Magen- und Gebärmutterkrebs.

Der Tagesbedarf liegt bei 6 mg. Beta-Carotin findet sich vor allem in Obst und Gemüse, in 100 g Schokolade sind 0,040 mg enthalten.

Vitamin B1 oder Thiamin

Vitamin B1 ist für die Funktion des Nervensystems und den Kohlenhydratstoffwechsel unentbehrlich. Ein Mangel an diesem Vitamin führt zu Beri-

2 Substanz, die eine Oxydation hervorruft, was die Zellen vorzeitig altern läßt.

Beri, eine unzureichende Zufuhr, wie sie bei Alkoholikern vorkommt, begünstigt die Entstehung von Müdigkeit, Muskelstörungen und Ödemen.

Der Tagesbedarf beträgt 1,5 mg. In 100 g Schokolade sind 0,073 mg Vitamin B1 enthalten.

Vitamin B2 oder Riboflavin

Vitamin B2 fördert das Wachstum und ist für die Funktion zahlreicher Enzyme notwendig.

Der empfohlene Tagesbedarf beträgt bei Erwachsenen 1,8 mg. In 100 g Schokolade sind 0,070 mg Vitamin B2 enthalten.

Vitamin B5 oder Pantothensäure

Vitamin B5 ist am Haarwuchs beteiligt und für die Funktion der Haut, Fingernägel und Schleimhäute unentbehrlich.

Der empfohlene Tagesbedarf beträgt bei Erwachsenen 10 mg. In 100 g Schokolade sind 0,600 mg Vitamin B5 enthalten.

Vitamin B6 oder Pyridoxin

Vitamin B6 übt eine regulierende Funktion aus und ist an zahlreichen Enzymreaktionen und am Proteinstoffwechsel beteiligt.

Ein Mangel führt zu Müdigkeit, Schwindel, nervösen Störungen und Haarausfall. Durch die Einnahme von Empfängnisverhütungsmitteln wird der Vitamingehalt herabgesetzt.

Der empfohlene Tagesbedarf liegt bei 2 mg. In 100 g Schokolade sind 0,020 mg Vitamin B6 enthalten.

Vitamin E oder Tokopherol

Vitamin E wirkt als Antioxydationsmittel dem Alterungsprozeß entgegen und schützt vor Krebs.

Der Tagesbedarf beträgt 15 mg. In 100 g Schokolade sind 5,3 mg Vitamin E enthalten.

Vitamin PP oder Nicotinsäureamid

Vitamin PP ist für die Zellfunktion (Wachstum, Energie, Atmung) unentbehrlich. Ein Mangel zeigt sich durch schnelle Ermüdbarkeit, Schlaflosigkeit und Funktionsstörungen der Haut und Schleimhäute.

Der empfohlene Tagesbedarf liegt bei 18 mg. In 100 g Schokolade sind 0,600 mg Vitamin PP enthalten.

Folsäure oder Vitamin B9

Folsäure ist an der Blutbildung beteiligt. Ein Mangel während der Schwangerschaft kann zu Mißbildungen beim Fötus führen.

Der empfohlene Tagesbedarf beträgt bei Erwachsenen 0,400 mg und bei Schwangeren 0,800 mg. In 100 g Schokolade sind 0,010 mg Folsäure enthalten.

Alles in allem ist Schokolade vor allem aufgrund ihres hohen Gehalts an Ballaststoffen, Magnesium, Kalium, Phosphor und Vitamin E sowie ihrer positiven Wirkung auf den Cholesterinspiegel von Bedeutung.

Schokolade als Stärkungsmittel und Antidepressivum

Elena Liessner-Blomberg (1857-1978): „Hommage à Majakowski".
Stilleben mit einer Kakaodose „Amato" und einem Gedicht
des russischen Lyrikers Vladimir Majakowski.
Collage, Mischtechnik (34,5 x 32,3 cm).
(Im Besitz der Staatlichen Kunstsammlungen, Dresden).

Bereits im 17. Jahrhundert hatte man die stärkende Wirkung der Schokolade festgestellt.

Durch die moderne Wissenschaft wurde es möglich, diese seit jeher geschätzte Eigenschaft zu erklären. Schokolade enthält nämlich chemische Stoffe mit stärkender Wirkung, zu denen vor allem Theobromin, Koffein, Phenylethylamin und Serotonin zählen.

Erwähnenswert sind noch Theophyllin, Isoamylamin, Ethylamin und Isobutylamin.

- Theobromin ist ein Alkaloid, das 1842 von Woskresenski chemisch isoliert wurde. In 100 g schwarzer Schokolade sind schätzungsweise 500 mg enthalten.

Diese Substanz regt das Zentralnervensystem an und verbessert die Muskeltätigkeit. Sie bewirkt auch eine Beschleunigung der Nervenleitungsgeschwindigkeit, indem die Reaktionszeit bei der Reizung peripherer Nerven verkürzt wird.

- Koffein ist ein Alkaloid, das 1820 von Runge und von Giese aus der Kaffeebohne isoliert wurde.

Bei Tieren erhöht es die spontane motorische Aktivität und die psychomotorischen Leistungen, in großen Mengen wirkt es jedoch giftig. Bei Menschen hängt die Art der Reaktion von der individuellen Sensibilität ab. Bei Langzeittests zeigte sich, daß Koffein generell wach hält, die körperliche und geistige Leistungsfähigkeit verbessert, das Sehvermögen stärkt und anregend wirkt.

In 100 g schwarzer Schokolade sind 68 mg Koffein enthalten, in Milchschokolade dagegen nur 25 mg. Eine Tasse Kaffee enthält übrigens etwa 85 mg Koffein und eine Tasse Schokolade 50 mg.

- Phenylethylamin ähnelt in seiner Struktur den Amphetaminen, die für ihre psychisch anregenden Eigenschaften bekannt sind.

Diese Eigenschaften sind vor allem auf die stimulierende Wirkung auf das Nervensystem zurückzuführen. Laut Chauchard war diese Wirkung bei der ungesüßten Schokolade der Azteken sehr stark und rief sogar Halluzinationen hervor. Da die Zugabe von Saccharose den psychotonischen Effekt der Schokolade abschwächt, sollte sie einen sehr hohen Kakaoanteil aufweisen, um ihre anregenden Eigenschaften so gut wie möglich auszunutzen.

Außerdem hat man der Schokolade schon immer eine gewisse Wirksamkeit gegen Depressionen nachgesagt. Was hat es damit auf sich?

Die Alkaloide – Theobromin und vor allem Koffein sowie in gewissem Maße Theophyllin – wirken streßabbauend, da sie die Rezeptoren des Adrenalins blockieren.

• Bei Depressionen kommt es zu einer Senkung des Serotoningehaltes; in Schokolade ist diese Substanz nicht nur von Natur aus enthalten, sondern ihre Bestandteile Koffein und Zucker regen auch den Organismus zur Serotoninsekretion an, so daß die anfänglichen chemischen Störungen wieder ausgeglichen werden.

Schokolade wird zudem mit Belohnung gleichgesetzt. Sie dient häufig als Geschenk und wird deshalb ganz allgemein mit dem Begriff der Liebe in Verbindung gebracht. Schokolade besitzt auch hedonistische Eigenschaften, die sich dahingehend äußern, daß der Organismus Endorphine freisetzt, die eine opiumähnliche euphorisierende Wirkung entfalten. Bei der Zufuhr wohlschmeckender Nahrung stellt der Körper somit sein eigenes Morphium her, das die Schmerzempfindung herabsetzt und ein Wohlgefühl entstehen läßt. Diese Wirkung wird durch das Koffein verstärkt, das die Produktion der Endorphine anregt.

Schließlich wird durch den Verzehr eines bevorzugten Nahrungsmittels die Sekretion streßauslösender Katecholamine (Adrenalin) herabgesetzt.

Somit wird verständlich, warum sich unglücklich Verliebte, die unter Liebesentzug leiden, aufgrund des Endorphinmangels häufig dadurch trösten, daß sie Unmengen von Schokolade zu sich nehmen. Ohne es zu wissen, suchen sie darin ein natürliches Antidepressivum und eine „chemische Liebesration“. Schokolade ist, um die Formulierung von Schaffino und Cluizel aufzugreifen, „ein befriedigender Liebesersatz“. Aber besteht aufgrunddessen nicht die Gefahr, von Schokolade abhängig zu werden, und kann diese Gewöhnung nicht zur Sucht führen?

Die intravenöse Injektion von Phenylethylamin bei einem Hund regt die Eigenproduktion dieses Moleküls an. Durch die Hyperaktivität der Endorphine werden bestimmte Bereiche des Gehirns angeregt, die eine Abhängigkeit auslösen können. Doch dies geschieht nur bei Tierversuchen, bei denen hohe Dosen injiziert wurden. Der durch den Verzehr von Schokolade entstehende Gehalt an Xanthinen und Phenylethylamin reicht dazu nicht aus.

Atkins hat dagegen zu Recht betont, daß „der Verzehr von Schokolade zu den häufigsten Zuckerabhängigkeiten zählt. Wie bei Heroin oder Alkohol genügt eine kleine Menge, um nicht mehr davon loszukommen“. In Amerika gibt es sogar die Bezeichnung „carbohydrate cravers“ für Menschen, die regelrecht süchtig nach Zucker sind. Wenn die Betroffenen nicht regelmäßig ihre gewohnte Menge an Süßem zu sich nehmen, können sie nicht nur in einen Zustand der Hypoglykämie geraten, sondern auch Entzugserscheinungen an den Tag legen, wie sie bei Drogenabhängigen auftreten. Es scheint somit zwei Arten von Schokoladenessern zu geben. Auf der einen Seite die Liebhaber schwarzer Schokolade, die als Feinschmecker vor allem den Geschmack des Kakaos suchen, und auf der anderen Seite die Zuckerabhängigen, die sich über den Verzehr kakaoarmer Schokolade ihre Saccharosedosis sowie eine durch die Sekretion von Endorphinen entstehende zusätzliche Annehmlichkeit verschaffen.

Die „Schokoladensucht", wie sie von Favre-Bismuth und Grouzmann beschrieben wurde, kommt in Wirklichkeit sehr selten vor (22 Fälle in 3 Jahren) und wer davon betroffen ist, „ist in der Regel sportlich, von unterschiedlicher Geselligkeit, mit inneren Konflikten und einem intensiven Berufsleben". Die gestreßten Personen suchen in der Schokolade die Möglichkeit, ihre Lebenslage zu verbessern. Dieses Verhalten erscheint jedoch weit weniger gefährlich als der Griff zur Zigarette, Flasche oder zu Tabletten (beruhigende oder angstlösende Mittel).

Schokolade als Aphrodisiakum

„Der Chocolat",
Kupferstich um 1750, von Max Engelbrecht.
(Kunstbibliothek Berlin-West)

Bereits zur Zeit der Azteken stand Schokolade in dem Ruf, eine aphrodisische Wirkung zu besitzen. Der König Moctezuma trank täglich fünfzig Tassen davon, vor allem, bevor er die Frauen seines Harems beglückte. 1591 äußerte Juan de Cardenas, daß *„dieses Produkt zur Sünde des Fleisches führe"*. Die mexikanische Schokolade enthielt nämlich viele Gewürze (Zimt, Gewürznelken, Pfeffer, Vanille, Anis), die wahrscheinlich für diese sexuell anregende Wirkung verantwortlich waren. Pfeffer enthält beispielsweise ein ätherisches Öl, das die Erektionsfähigkeit des männlichen Glieds verbessert. Der Wiener Arzt Johann Michael Haider erwähnt in seiner im 18. Jahrhundert erschienenen Schrift *„Disputatio medico diaetetica"* Schokolade als Aphrodisiakum und bezeichnet sie als „Veneris pabulum", d.h. als Venus-Speise. Als das Rezept der Schokolade geändert und auf die meisten Gewürze verzichtet wurde, blieb dieses Produkt in den Augen der Konformisten jedoch weiterhin suspekt. Im Laufe der Jahrhunderte wurde die Schokolade bei zahlreichen Gelegenheiten wegen ihrer Anregung zur Fleischeslust auf den Index gesetzt oder von Verführern aus dem gleichen Grund in den Himmel gehoben.

1750 gravierte Martin Engelbrech die Illustration eines Liebespaares und veranschaulichte damit folgende Worte der Frau:

„Hier hast du ein Getränk aus dem so fernen Westen,
Wiewohl der nahen Lieb gewiß zum allerbesten;
Es reißet deinen Muth, erneut deine Jahr',
Du kostetst es, mein Schatz, drauff werd' ich auch genießen,
Ich reiche Dir's zugleich mit meinem Herzen dar,
Weil wir der späten Welt noch Enckel geben müssen."

Ohne die Theorien Freuds über die Beziehung zwischen Eros und Thanatos abzuwarten, heiligte 1780 der Marquis von Sade in „Juliette" die Schokolade als Ursprung der Vereinigung von Liebe und Tod.

Daß die Tradition heute immer noch sehr lebendig ist, sieht man an Schiaffino und Cluizel, die in ihrem Werk „La route du chocolat" das Rezept eines Liebestranks aus Guatemala erwähnen:

„Zwei Vanilleschoten zehn Minuten in einem Liter Milch erhitzen. Schoten herausnehmen, die Flüssigkeit herauspressen und sie ausschaben, um die kleinen Kerne zu erhalten; zwei Eßlöffel reinen Kakao zufügen und mit einem Viertel Liter lauwarmem Wasser verrühren. Unter Rühren heiße Milch zufügen. Dann zwei Eßlöffel Honig und genausoviel braunen Zucker hineingeben. Einen halben Teelöffel Cayenne-Pfeffer oder Tabasco, eine Prise Salz und ein kleines Glas Rum oder Tequila unterrühren. Sehr heiß oder sehr kalt genießen."

Die heutige Schokolade enthält Zucker, Kakao und Spuren von Vanille, um ihr einen angenehmen Geschmack zu verleihen.

Wie bereits dargelegt wurde, besitzt Zucker, abgesehen von seinem Nährwert, mehr Nachteile als Vorteile, so daß sich ein übermäßiger Genuß nur negativ auf die Sexualität auswirken kann. Diabetes oder reaktionelle Hypoglykämie rufen Impotenz hervor.

Vanille gilt in der Phytotherapie als Pflanze mit leicht aphrodisischer Wirkung.

Hinsichtlich des Kakaos gibt es noch keine neuere wissenschaftliche Untersuchung, in der seine aphrodisische Wirkung nachgewiesen wurde. Man könnte allenfalls eine Arbeit über Kaffee anführen, die vom Archiv der Inneren Medizin veröffentlicht wurde. Diese Studie von Dr. Diokono zeigt, daß in der Altersgruppe ab sechzig Jahren 62 % der Kaffeetrinker regelmäßig sexuell aktiv waren gegenüber 40 % der Nicht- Kaffeetrinker. Bei den Männern waren 59 % der Nicht-Kaffeetrinker und nur 36 % der Kaffeeliebhaber von Impotenz betroffen. Man könnte denken, daß diese positiven Auswirkungen auf das Koffein zurückzuführen sind und versucht sein, sie auf Kakao zu übertragen.

Die in Schokolade enthaltenen Stoffe Koffein, Theobromin, Serotonin und Phenylethylamin, die stärkende und anregende Eigenschaften besitzen sowie gegen Streß und Depressionen wirken, könnte man als vitalisierend und euphorisierend bezeichnen, was für die Entfaltung eines intensiven Sexuallebens nur von Vorteil wäre.

Doch der chemische Bereich der Liebe ist viel zu komplex, als daß diese Hypothesen dazu ausreichen würden. Auch wenn sie vollkommen begründet sind, stellen sie noch lange nicht das Allheilmittel für Liebesprobleme dar, mögen die Worte von Brillat-Savarin noch so verlockend klingen:

„Glückliche Schokolade, die, nachdem sie über das Lächeln der Frauen in der Welt herumgekommen ist, in einem wohlschmeckenden und dahinschmelzenden Kuß ihres Mundes den Tod findet."

Schlußwort in Form eines Plädoyers...

Meine Damen und Herren – erklärte oder zukünftige – Schokoladenanhänger,

die Ermittlungen im Fall der Schokolade sind abgeschlossen, nachdem der Lauf der Zeit zurückverfolgt wurde und intensive Nachforschungen in den Bereichen, die die Vergangenheit des Beschuldigten direkt oder indirekt betrafen, angestellt wurden.

Im Laufe dieser Ermittlungen, bei denen viele ausführliche Erklärungen von verschiedenen Sachverständigen gesammelt werden konnten – ohne die üblichen Vorrechte oder Vormachtstellungen, die normalerweise den Feinschmeckern zustehen, geltend zu machen – , wurde der Beweis erbracht, daß die auf dem Angeklagten lastenden Beschuldigungen und Vorurteile unbegründet sind und verbreitet wurden, ohne auf die Übereinstimmung mit der Realität zu achten und mit einem absoluten Verstoß gegen den elementarsten guten Glauben.

Heutzutage dürften die willkürlichen Stellungnahmen und vorgefaßten Meinungen bezüglich der Schokolade nicht mehr aus Gemeinplätzen bestehen, die aus einer Zeit stammen, als das Ungewöhnliche eher Angst und Ablehnung als Neugier und Interesse hervorrief. Es ist offenkundig geworden, daß die verschiedenen Behauptungen, die unüberlegt aufgestellt wurden, in den Diskussionen, wo die Ergebnisse wissenschaftlicher Untersuchungen, die mit moderner Technik und großer Erfahrung in Forschungslabors und Krankenhäusern erzielt wurden, dargelegt werden, nicht mehr aufrechterhalten werden können. Am Ende der Auseinandersetzung, durch die es möglich wurde, die böswilligen bzw. diffamierenden Beschuldigungen den angeführten Qualitäten, die nunmehr als unwiderlegbar gelten, gegenüberzustellen, hat sich herausgestellt, daß diese Substanz von den Scheinabsichten, die ihr allzu oft aufgrund irrationaler und veralteter, ja sogar völlig falscher Vorstellungen unterstellt wurden, endgültig reingewaschen und entlastet ist.

Die Schokolade kann also nunmehr nicht nur von den Gesundheitsstörungen, die ihr zu Unrecht angelastet wurden und für die sie überhaupt keine Verantwortung trägt, freigesprochen werden, sondern muß auch vor allem rehabilitiert werden. Es besteht heute die moralische Verpflichtung, ihre außergewöhnlichen Ernährungseigenschaften überall zu verbreiten, die sie zusammen mit ihrer vorbeugenden Wirkung vor allem im Cholesterinbereich zu einem wohltuenden und heilsamen Nahrungsmittel machen, von dem häufiger Gebrauch gemacht werden sollte und das in vertretbaren Mengen als regelmäßiger Bestandteil der Ernährung zu empfehlen ist.

Am Ende dieses Plädoyers zeigt sich somit, daß sämtliche Anklagepunkte wegen der offensichtlichen Widersprüche, denen Schokolade ausgesetzt war, widerlegt werden konnten. Außerdem hat sich herausgestellt, daß die mit dem Verzehr von Schokolade einhergehenden negativen Auswirkungen nur selten vorkommen.

Daraus ergibt sich zum einen, daß Schokolade sowohl für die Begeisterung, die sie hervorruft, als auch für ihre einzigartige Funktion, zahlreiche Festlichkeiten familiärer und gesellschaftlicher Art zu einem Erfolg zu machen, geschätzt, wenn nicht sogar bewundert werden sollte. Zum andern – ohne sie schlecht machen zu wollen – ist die einzige negative Empfindung, die ihr entgegengebracht werden könnte, ein gewisses Schuldgefühl, das sich vor dem Bedauern, nicht davon Gebrauch zu machen, einstellt. Ein Bedauern, das durch die jetzt erhaltene Gewißheit hervorgerufen wird, daß Schokolade glücklicherweise die Wohltaten der Diätetik und die Freuden der Nascherei in sich vereint.

ANHANG

„Kakaopflanze"
Farbillustration von
Anna Maria Sibylle Merian (1647–1717),
aus ihrem Hauptwerk
„Metamorphosia insectorum surinamesium".

Anhang I

Eine Schatzgtruhe

Plakat eines unbekannten Künstlers.
Chromolithographie, um 1890.
(Sammlung Kunstbibliothek, Berlin)

Die chemische Zusammensetzung der Kakaobohne und der Schokolade unterscheiden sich beträchtlich, wie aus der nachfolgenden Tabelle zu ersehen ist:

	Kakaobohne	Kakaomasse
Proteine (Eiweiß)	18 %	6,4 %
Lipide (Fette)	56 %	54 %
Kohlenhydrate	13,5 %	28 %
davon Stärke	6 %	8 %
Zellulose	4,5 %	3 %
andere Kohlenhydrate	3 %	17 %
Wasser	3 %	2 %
Theobromin	1,45 %	1,10 %
Koffein	0,05 %	0,50 %
Tannin (Gerbstoff)	5 %	5 %
Asche	3 %	3 %

Betrachten wir nun die chemische Zusammensetzung schwarzer Schokolade. Es ist klar, daß es sich dabei um Durchschnittswerte handelt, da die Zahlen von der Herkunft der verwendeten Bohnen, der industriellen Bearbeitung und der Menge des zugefügten Zuckers abhängen:

- **Proteine** 6 g
  Lipide 27 g
  Kohlenhydrate 54 g
  Ballaststoffe 9 g
  Tannin 1 g
  Wasser 1 g
  Mineralstoffe
  Vitamine und
  verschiedene Stoffe 2 g

- **Mineralstoffe:**
  Kalium 400 mg
  Magnesium 300 mg
  Phosphor 280 mg
  Oxalsäure 200 mg
  Chlor 100 mg
  Kalzium 100 mg

Natrium	12	mg
Eisen	3	mg
Kupfer	1	mg
Nickel	0,260	mg
Zink	0,200	mg
Fluor	0,050	mg
Jod	0,005	mg

- **Vitamine:**

Beta-Carotin	0,040	mg
Vitamin A	0	mg
Vitamin B 1	0,073	mg
Vitamin B 2	0,070	mg
Vitamin B 5	0,600	mg
Vitamin B 6	0,020	mg
Vitamin C	0	mg
Vitamin D	0	mg
Vitamin E	5,3	mg
Vitamin PP	0,600	mg
Folsäure	0,010	mg

- **Aminosäuren:**

Isoleuzin	0,55 g pro 100 g
Leuzin	1
Lysin	0,68
Phenylalanin	0,76
Methionin	0,20
Threonin	0,20
Tryptophan	1,50
Valin	0,80
Thyrosin	0,51
Cystin	0,32
Asparaginsäure	1,22
Glutaminsäure	2,56
Arginin	0,77
Histidin	0,32
Alanin	0,77
Glycin	
	0,70
Prolin	0,70
Serin	0,75

- **Verschiedene Stoffe:**

Theobromin	500 mg
Koffein	68 mg
Theophyllin	1 mg
Phenylethylamin	1 mg
Serotonin	2,7 mg
Tyramin	1,2 mg
Histamin	0,9 mg

Kakaotransport im 19. Jahrhundert auf dem Rio Guayas, Ecuador.
Aquarell eines nicht genannten Künstlers.

Die Fabrikanten verschickten einfallsreiche Postkarten.

Das Verhältnis zur Schokolade

Untersuchungsergebnisse

I.

Für ihre Doktorarbeit führte Dr. d'Arbonneau 1986 bei 132 Personen eine Umfrage durch, um das Verhältnis der Franzosen zur Schokolade zu untersuchen. Sie kam zu folgenden Ergebnissen:

a) Vorliebe für Schokolade:

95 % der Personen schätzen Schokolade.

b) Verzehr von Schokolade:

52 % der befragten Personen verzehren regelmäßig Schokolade,
42 % in Abständen,
6 % in Ausnahmefällen.

Bei der Gliederung in Altersgruppen ergibt sich folgende Verteilung:

	regelmäßiger Verzehr	zeitweiliger Verzehr	seltener Verzehr
Kinder	75 %	15 %	10 %
Jugendliche	50 %	45 %	5 %
berufstätige Männer	35 %	55 %	10 %
berufstätige Frauen	45 %	45 %	10 %
Hausfrauen	65 %	25 %	10 %
Rentner	30 %	55 %	15 %

c) Einschätzung der Schokolade:

75 % sind der Meinung, daß Schokolade nur ein „Genußmittel" ist,
20 % sind der Meinung, daß Schokolade sowohl ein „Genußmittel" als auch ein nützliches Nahrungsmittel ist,
5 % sind der Meinung, daß sie weder genußreich noch nützlich ist.

d) Häufigkeit des Schokoladenkonsums:

- 3 mal täglich 8 %
- 2 mal täglich 11 %
- 1 mal täglich 55 %
- 3 mal in der Woche 15 %
- 1 mal in der Woche oder weniger 11 %

e) Bevorzugte Schokoladenart:

- Schwarze Schokolade 30 %
- Nußschokolade 20 %
- Milchschokolade 18 %
- Bitterschokolade 14 %
- Schokoladenpulver 10 %
- Konfekt: 8 %

f) an der Schokolade geschätzte Eigenschaft:

- Zartheit 79 %
- Cremigkeit 30 %
- Symbol für Festlichkeiten 19 %
- Nährwert 15 %
- anregende Wirkung 15 %

Insgesamt sind es mehr als 100 %, da in diesem Fal mehrere Antworten möglich waren.

g) Gründe für den Schokoladenkonsum:

- Familientradition 91 %
- berufliche Probleme 3 %

- Streß 2 %
- Werbung 2 %
- Ersatz für Tabakkonsum 2 %

h) Gründe für den Verzicht auf Schokolade:

- mögen keine Schokolade 65 %
- haben Angst, dick zu werden 35 %
- haben Angst, krank zu werden 0 %

i) Halten Sie sich für „schokoladenabhängig"?

nein 68 %
ja 32 % (darunter Kinder)

Ölbild: Brasilianische Farmersfrau mit Kakaofrüchten.

II.

Ich habe die Idee meiner Berufskollegin aufgegriffen und einhundert gesunde Erwachsene zwischen 26 und 75 Jahren einer anderen Befragung unterzogen. Dabei kam ich zu folgenden Ergebnissen:

a) Mögen Sie Schokolade?

ja	98 %
nein	2 %

b) Wie oft essen Sie Schokolade?

• regelmäßig	34 %
• zeitweise	64 %
• nie	2 %

c) Kaufen Sie Schokolade für den eigenen Bedarf?

ja	81 %
nein	19 %

d) Welche Schokolade mögen Sie?

Es gab keine vorgefertigte Liste, die Antworten erfolgten spontan. Insgesamt sind es mehr als 100 %, da mehrere Antworten möglich waren.

• Jede Schokolade	13 %
• Schwarze Schokolade	38 %
• Milchschokolade	25 %
• Bitterschokolade	15 %
• Nußschokolade	13 %
• Weiße Schokolade	3 %
• Schokolade mit Rosinen	2 %
• Schmelzschokolade	1 %
• Sahneschokolade	1 %
• Kokosschokolade	1 %
• Trüffel	1 %
• Diätschokolade	1 %

e) Spontan erwähnte Schokoladenmarken:

• Valrhona	7 mal
• Lindt	6 mal
• Léonidas	5 mal
• Côte d'Or	4 mal
• Weiss	3 mal
• Menier	2 mal
• Poulain	2 mal
• Nestlé	2 mal
• Suchard:	1 mal
• Andere Marken	4 mal

„Pisoteio", d.h. das „Tanzen" der Kakaobohnen in Brasilien. Wenn die Bohnen trocknen, werden sie „getanzt", damit sich von den Bohnen trockene Blätter ablösen. Durch das Wenden bekommen die Kakaobohnen einen angenehmen Glanz.

f) Menge des Schokoladenkonsums pro Tag oder Monat:

• keine Schokolade	3 %
• nur an Weihnachten oder Ostern (als Geschenk)	10 %
• 25 g pro Monat	9 %
• 50 g pro Monat	13 %
• 100 g pro Monat	22 %
• 200 g pro Monat	13 %
• 300 g pro Monat	5 %
• 15 g pro Tag	8 %
• 25 g pro Tag	9 %
• 50 g pro Tag	7 %
• 100 g pro Tag	1 %
• mehr als 100 g pro Tag	0 %

g) Schokolade ist für Sie:

- eine Süßigkeit 66 %
- ein Nahrungsmittel 4 %
- Süßigkeit und Nahrungsmittel 30 %

h) Zeitpunkt des Schokoladenkonsums:

Insgesamt sind es mehr als 100 %, da mehrere Antworten möglich waren.

- zu keiner bestimmten Zeit 19 %
- nach dem Aufstehen 1 %
- zum Frühstück 1 %
- nach dem Frühstück 2 %
- vormittags (gegen 11 Uhr) 6 %
- nach dem Mittagessen, zum Kaffee 15 %
- spätnachmittags (gegen 17 Uhr) 25 %
- nach dem Abendessen 30 %
- vor dem Schlafengehen 7 %
- nachts, wenn man wach wird 1 %
- am Wochenende, nach dem Mittagskaffee 4 %
- sofort nach dem Kaufen 3 %
- bei Müdigkeit: 1 %
- als Zwischenmahlzeit: 1 %
- sobald man sie geschenkt bekommt: 1 %
- von der Stimmung abhängig: 2 %

i) Haben Sie beim Verzehr von Schokolade Nebenwirkungen festgestellt?

nein 76 %
ja 24 % — positive 6 %, negative 18 %

Positive Auswirkungen:

Euphorie	1 %
Gefühl der Kräftigung	3 %
Unterdrückung von Depressionen	1 %

Negative Auswirkungen:	Verstopfung	5 %
	Verdauungsstörungen	4 %
	Gewichtszunahme	4 %
	Entstehen eines Schuldgefühls	1 %
	Erhöhung des Cholesterinspiegels	1 %
	Blähungen	1 %
	Übelkeit	1 %
	geschwollene Augenlider	1 %
	Migräne bei nüchternem Verzehr	1 %
	schlechte Verträglichkeit vor der Regel	1 %
	Leberbeschwerden	1 %
	Hypoglykämie	1 %
	Herzklopfen	1 %

Anzeige des „Verbandes deutscher Chocolade-Fabrikanten" mit Garantiemarken, 1888.

j) Haben Sie als Kind Schokolade gut vertragen?

ja	88 %		
nein	12 %	Leberbeschwerden	4 %
		Anzeichen von Zuckerkrankheit	2 %
		Übelkeit	2 %
		Verstopfung	1 %
		Nesselsucht	1 %
		Migräne	1 %
		Widerwille gegen Zucker	1 %

Was die zwei Personen betrifft, die Übelkeit angegeben haben:

- im ersten Fall vertrug die Person als Kind keine Milchschokolade, hatte aber im Erwachsenenalter mit schwarzer Schokolade überhaupt keine Probleme.
- im zweiten Fall vertrug die Person keine Mousse au chocolat, weshalb sie keine Schokolade mehr zu essen bekam, außer in Form von Kuchen.

k) Welche der Äußerungen, die gewöhnlich über Schokolade gemacht werden, erscheinen Ihnen richtig oder falsch?

	richtig	falsch	weiß nicht
Schokolade macht dick	61 %	34 %	5 %
Schokolade ist schlecht für die Leber	43 %	49 %	8 %
Schokolade ist schwer verdaulich	21 %	78 %	1 %
Schokolade ist für Diabetiker verboten	57 %	25 %	18 %
Schokolade erhöht den Cholesterinspiegel	53 %	33 %	14 %
Schokolade begünstigt Akne	40 %	38 %	22 %
Schokolade verursacht Verstopfung	59 %	35 %	6 %
Schokolade verursacht Migräne	25 %	67 %	8 %
Schokolade löst Allergien aus	23 %	66 %	11 %
Schokolade ist nahrhaft	92 %	4 %	4 %
Schokolade wirkt stärkend	80 %	9 %	11 %
Schokolade enthält viel Kalium	49 %	20 %	31 %
Schokolade enthält viel Magnesium	79 %	4 %	17 %
Schokolade ist vitaminreich	35 %	38 %	27 %
Schokolade enthält Koffein	17 %	66 %	17 %
Schokolade enthält eine Substanz, die gegen Depressionen wirkt	70 %	16 %	14 %

Es ist festzuhalten, daß in der letzen Rubrik eine Person Eisen, die andere Magnesium und die dritte Theobromin genannt hat.

Spontane Äußerungen, die bei der Befragung gemacht wurden:

- „Ich habe als Kind keine Schokolade gegessen, da ich keine Probleme hatte."
- „Schokolade ist keine Süßigkeit, sondern eine Delikatesse."
- „Es gibt Phasen, in denen ich mich wie eine Verrückte auf Schokolade stürze, und das mindestens zwei Wochen lang."
- „Es ist ein Anregungsmittel."
- „Wenn ich viel davon esse, überfällt mich starke Lethargie, ich bin unendlich müde, ich fange an zu frieren, ich fühle mich vollkommen erschöpft."

Anhang III

Statistiken vom Infozentrum Schokolade in Düsseldorf

Um ein umfassenderes Bild vom Schokoladenkonsum in Deutschland zu erhalten, beschäftigen wir uns nun mit Zahlen, die uns Fachleute zur Verfügung gestellt haben.

1. Schokoladenproduktion:

Produktion von Schokolade und Schokoladewaren im internationalen Vergleich
in 1000 t

	1988	1989	1990	1991	1992	1993
USA	1 126,4	1 215,0	1 240,8	1 186,0	1 243,5	1 299,5
Bundesrepublik Deutschland	**390,8**	**402,7**	**512,8**	**533,2**	**504,5**	**559,2**
Großbritannien	413,2	416,6	448,3	449,4	454,0	456,5
Frankreich	198,9	210,8	225,4	247,4	253,9	269,1
Japan	168,5	178,5	175,1	193,5	190,3	194,1
Niederlande	152,0	160,0	161,6	166,0	172,0	185,0
Italien	94,0	102,6	106,3	107,8	116,5	126,8
Belgien/Luxemburg	91,6	96,4	110,5	112,7	121,4	125,9
Australien	81,8	93,0	92,8	91,0	100,0	106,1
Schweiz	**79,0**	**85,9**	**91,2**	**92,9**	**97,6**	**99,0**
Österreich	**41,8**	**47,2**	**51,1**	**48,6**	**52,2**	**65,1**
Schweden	52,1	52,0	51,3	51,1	47,3	51,5
Spanien	35,9	36,2	40,8	42,1	41,6	45,0
Finnland	26,6	25,6	24,5	24,8	28,9	39,6
Norwegen	25,3	25,3	26,7	27,4	28,2	30,4
Irland	26,3	28,1	29,9	27,5	29,7	29,1
Dänemark	19,7	19,2	19,7	22,1	21,2	22,0

Quelle: Internationaler Ausschuß zur Harmonisierung der Süßwarenstatistik

Produktion von Schokolade und Schokoladewaren im Vergleich der deutschsprachigen Länder

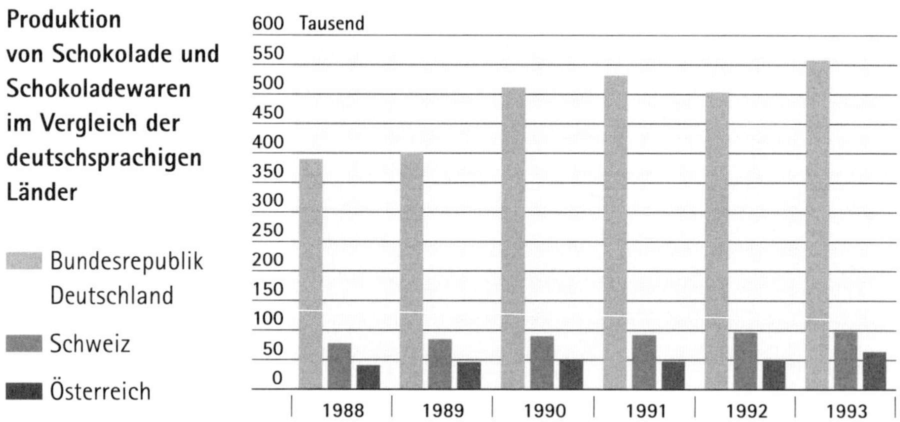

Produktion von Schokolade und Schokoladewaren in der Bundesrepublik Deutschland im Vergleich der Jahre 1993 und 1994

Produktgruppen	Menge in t		Veränderung in %	Wert in Tausend DM		Veränderung in %
	1993	1994		1993	1994	
Massive Tafelschokoladen	214 344	216 679	1,1	1 669 110	1 610 440	- 3,5
Sonstige massive Tafelschokoladen	21 340	22 861	7,1	215 240	221 165	2,8
Gefüllte Tafelschokoladen	118 638	134 074	13,0	1 289 355	1 342 434	4,1
Gefüllte Riegel und mit Schokolade überzogene riegelähnliche Erzeugnisse ohne Dauerbackwarenanteil	49 802	49 029	- 1,6	461 418	425 172	- 7,9
Hohlfiguren, ungefüllt	18 805	21 003	11,7	229 268	251 483	9,7
Alkoholpralinen	31 370	31 182	- 0,6	552 643	551 619	- 0,2
Andere Pralinen	63 229	77 842	23,1	955 070	1 085 017	13,6
Sonstige gefüllte Schokoladewaren	41 568	34 196	- 17,7	487 511	396 674	- 18,6
Schokoladenstreusel	2 095	1 698	- 18,9	11 874	9 991	- 15,9
Schokoladenerzeugnisse sonstiger Art	41 723	37 809	- 9,4	270 074	259 993	- 3,7
Schokolade und Schokoladewaren Insgesamt	602 914	626 373	3,9	6 141 563	6 153 988	0,2

Quelle: Infozentrum Schokolade

2. Schokoladenkonsum:

Pro-Kopf-Verbrauch von Schokolade und Schokoladewaren im internationalen Vergleich
in kg

	1988	1989	1990	1991	1992	1993
Schweiz	9,0	9,4	9,8	9,9	10,0	9,7
Österreich	6,4	7,1	7,8	7,8	7,9	8,7
Norwegen	7,9	7,9	8,0	7,9	7,9	8,1
Belgien/Luxemburg	6,9	6,8	7,4	7,2	7,8	7,3
Großbritannien	7,1	7,2	7,5	7,5	7,4	7,3
Bundesrepublik Deutschland	**6,9**	**6,8**	**6,8**	**7,1**	**6,5**	**6,9**
Irland	5,9	6,0	6,4	6,7	6,7	6,8
Dänemark	5,8	5,6	5,7	6,7	6,8	•
Australien	5,0	5,0	5,5	5,1	5,5	5,9
Schweden	5,7	5,7	5,5	5,3	5,1	5,0
USA	4,8	4,9	5,0	4,6	4,8	4,9
Niederlande	3,9	3,9	4,0	4,8	5,2	4,7
Frankreich	3,9	4,1	4,3	4,7	4,8	4,6
Finnland	3,6	3,8	3,8	3,8	3,7	3,7
Italien	1,7	1,8	1,8	1,9	1,9	2,0
Japan	1,5	1,6	1,5	1,7	1,6	1,7
Spanien	1,2	1,2	1,4	1,5	1,5	1,5

Quelle: Internationaler Ausschuß zur Harmonisierung der Süßwarenstatistik

Pro-Kopf-Verbrauch von Schokolade und Schokoladewaren im Vergleich der deutschsprachigen Länder

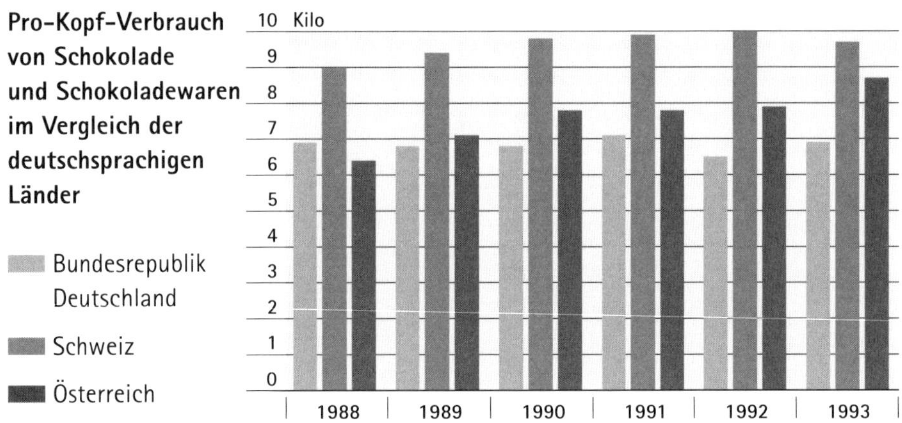

Inlandsangebot von Schokolade und Schokoladewaren in der Bundesrepublik Deutschland im Vergleich der Jahre 1993 und 1994

Produktgruppen	1993 Menge in t	1993 Wert in Tausend DM	1994 Menge in t	1994 Wert in Tausend DM
Schokolade und Schokoladewaren insgesamt	598 812	6 106 025	582 328	5 851 546
Tafelschokolade und weiße Schokolade	186 036	1 501 809	166 617	1 329 926
Gefüllte Tafelschokolade* Schokoriegel gefüllt ohne DBWanteil	190 903	1 828 764	207 531	1 861 689
Alkoholpralinen	30 623	545 589	29 511	534 649
Pralinen mit sonstiger Füllung	61 854	983 162	64 414	1 009 333
Sonstige Schokoladenwaren (gefüllt und ungefüllt)	129 396	1 246 701	114 255	1 115 949

* Zusammenfassung

Quelle: Infozentrum Schokolade

BIBLIOGRAPHIE

I. Schokolade und Cholesterinspiegel

BRUMMER P.: »Coronary mortality and living standard«, in *Acta medica scand,* 186, 61-63. 1969.

FLEISCHMAN A.: »Long-term studies on the hypolipemic effect of dietary calcium in mature male rats fed cocoa butter«, in *J. Nutr.,* 91, 151-157. 1967.

GERARD E.: »De l'action hypotensive du chocolat de soude«, in *Gaz. Hôp.,* 105, 831. 1932.

KOHN L.: »Chocolate and coronary.«, in *Amer. J. Clin. Nutr.,* 23, 1, 2-3. 1970.

KRITCHEVSKY D.: »Experimental atherosclerosis in rabbits fed cholesterol free diets«, in *Atherosclerosis.,* 41, (2-3), 279-284. 1982.

LEDERER J.: »Le chocolat au sorbitol: aliment lipidogène.«, in *Rev. Fr. Endocr. Clin.,* 20, 3, 253-258. 1979.

MORRISSEY R.: »Subchronic effects of feeding graded levels of cocoa butter to rats«, in *Nutr. Resch.,* 6, 319-326. 1986.

SELNEY N.: »Fat and potassium content of cocoa«, in *J.A.M.A.,* 238, 2072. 1977.

II. Schokolade, Leber und Verdauung

BABKA J-C, CASTELL D.Q.: »On the genesis of heart-burn. The effects of specific foods on the lower oesophegeal sphincter«, in *Am. J. Dig. Dis.,* 18, 391-397. 1973.

BERAUD C.: »Le foie des français ». Ed. Stock. Paris, 1983.

CASTELL D.O.: »Diet and the lower oesophageal sphincter«, in *Am. J. Clin. Nutr.,* 28, 1296. 1975.

ELLIOTT K.A.: »Milk chocolate as the fat meal for cholecystography«, in *J. Canad. Assoc. of Radiol.,* 14, 101. 1963.

GOUNELLE H.: »Foie et chocolat. Les épreuves d'insuffisance fonctionnelle«, in *Soc. Med. Hôp.,* Aus. 24-25, 898. Paris, 1954.

HARVEY I.C.: »Milk chocolate as the fatie meal in oral cholecystography«, in *Clin. Radiol.,* 28, 635-636. 1977.

MURPHY: »Chocolate and heart-burn oesophage«, in *Am. J. of Gastroenterology,* 83, 6, 633-636. 1988.

ROUSSEL A., LARRUE G.: »Etude des tests biologiques de l'insuffisance hépathique chez l'enfant, après ingestion prolongée de chocolat«, in *Semaine des Hôp..,* 73, 3794. 1953.

WRIGHT E., CASTELL D.: »The adverse effect of chocolate on lower oesophageal sphincter pressure«, in *Digestive Dis.,* 20, 8, 703-707. 1975.

III. Schokolade und Allergie

BECKER C.: »Tobacco, cocoa, coffee and ragweed: Cross-reacting allergens. That activate Factor XII dependant pathways«, in *Blood,* 58, 5, 861-867. 1981.

BLAMOUTIER P.: »Considérations sur les crises de migraine allergique au chocolat«, in Rev. Fr. Allergie, 6, 33-36. 1966.

BULLOCK J.D.: »A simple laboratory aid in diagnosing food allergy«, in *Ann. Allerg,* 28, 127. 1976.

CASTELAIN P.Y.: »Urticaire et diététique«, in *Médecine et Nutrition,* XV, 5, 333-337. 1979.

ERIKSSON N.E.: »Food sensitivity reported by patients with asthma and hay fever«, in *Allergy,* 33, 189-196. 1978.

FRAZIER C.: »Allergic reactions to chocolate«, in *Amer. J. Clin. Nutr.,* 29, 1183. 1976.

FRIES J.H.: »The cocoa bean and the allergic child«, in *Ann. of Allergy,* 24, 484-491. 1966.

FRIES J.H: »Chocolate: a review of published reports of allergic and other deleterious effects, real or presumed«, in *Ann. of Allergy,* 41, 4, 195-207. 1978.

GHOSH J.S.: »Allergic reactions to chocolate«, in Amer. J. Clin. Nutr., 30, 6, 834-835. 1977.
MASLANSKY L., WEIN G.: »Chocolate sensitivity, fact or fiction«, in *Meeting of the American college of Allergists*. Washington D.C., 1969.
MASLANSKY L., WEIN G.: »Chocolate allergy: a double blind study«, in *Conn. Med.*, 35, 5. 1971.
MILLMAN H., RICHMOND R.A.: »Food hypersensibility-correlation of intradermal skintests with clinical allergenicity«, in *Cal. Med.*, 91, 27. 1959.
OGLE K., BULLOCK J.: »Children with allergic rhinitis and/or bronchial asthma treated with elimination diet.«, in *Ann. of Allergy*, 44, Mai, 273-278. 1980.
PAILLAS J.: »Enterite segmentaire à éosinophiles. Rôle allergène du chocolat.«, in *La Nouv. Presse Méd.*, 11, 12, 943. 1982.
STENBURCK F.: »Allergy in children«, in *J. of Asthma Res.*, 3, 217. 1966.
WILSON N.M.: »Food related asthma: a difference between two ethnic groups.«, in *Arch . of Dis. in Childhood*, 60, 9, 861-865. 1985.
ZEITZ H.J.: »Chocolate allergy in adults found to be infrequent.«, in *Manufacturing Confectionner.* August 1986.

IV. Schokolade und Migräne

APFELBAUM M.: »Diet and migraine (adverse effects)«, in *J. Am. Diet. Assoc.*, 84, 8, 942. 1984.
BEL A.: »Céphalées et pathologie digestive«, in *J. Med.*, 57, 1299, 75-81. Lyon, 1976.
BLAMOUTIER P.: »Considerations on migraine attacks caused by allergy to chocolate«, in *Rev. Fr. Allerg.*, 6, 3. 1966.
BLAU J.N.: »Dietary factors in migraine precipitation Headache«, 25, 4, 184-187. 1985.
CHAYTOR J.P.: »The identification and significence of two phenylethylamine in foods«, in *J. Sci. Food Agric.*, 26, 593-598. 1975.
DREISBACH R.H.: »Caffeine with drawal headhache«, in *J. Labo. and Clin. Med.*, 28, 1212-1219. 1942.
GRANT E.G.: »Food allergies and migraine«, in *Lancet*, 1, 8123, 966-969. 1979.
HANINGTON E.: »A preliminary report on tyramine headache«, in *Br. Med. J.*, 2, 550-551. 1967.
HANINGTON E.: »Monoamineoxydase and migraine«, in *Lancet*, 2, 7889, 1148-1149. 1974.
HORWITZ D.: »Monoamineoxydase inhibitors, tyramine and cheese«, in *J.A.M.A.*, 188, 1108-1110. 1964.
HURST W.J.: »Biogenic amines in chocolate. A review«, in *Nutr. Rep. Intern.*, 26, 1081-1086. 1982.
LITTLEWOOD J.: »Platelet phenolsulfotransferase deficiency in dietary migraine«, *Lancet*, 1, 983-986. 1982.
MOFFETT A.M.: »Migraine and diet (letter)«, in *Lancet*, 2, 7885. 1974.
MOFFETT A.M., SWASH M.: »Effect of chocolate in migraine: a double blind study«, in *J. Neurol. Neurosurg. Psychiatry*, 37, 445-448. 1974.
MONRO J.: »Migraine is a food-allergic disease«, in *Lancet*, 2, 719-721. 1984.
PEATFIELD R.C.: »The prevalence of diet induced migraine«, in *Cephalalgia*, 4, 179-183. 1984.
PEATFIELD R.C.: »Precipitating causes of migraine«, in *Headache*, S. 84-93. Springer-Verlag, Berlin, 1986.
PRADALIER A., DRY J.: »La migraine est-elle une maladie allergique ?«, in *La presse médicale*, 14, 43-48. 1989.
RASKIN N.H.: »Headache ». Ed. Churchill Livingstade. S. 110-114. New-York, 1980.
SANDLER M.: »A phenylethylamine oxidising defect in migraine«, in *Nature*, 250, 335-337. 1974
SCHWEITZER J.W.: »Chocolate, beta-phenylethylamine and migraine re-examined«, in *Nature*, 257, 5523. 1975
INCENT D.: »Céphalées et alimentation«, in *Congrès JAND*, 20. Oktober 1989.
VINIAKER J.: »L'intolérance à la tyramine«, in *Annales Médicales de Nancy*, 1714, 465-469. 1978.

V. Schokolade und Akne

ELIA D.: »Acné: les idées reçues sont fausses et les traitements efficaces«, in *Le Quotidien du Medecin*, S. 8, Aus. 4102 vom 16 Juni 1988.

EMERSON G.W., STRAUSS J.S.: »Acne and acne care«, in *Arch. Derm.*, 105. 407. 1972.
FULTON J.: »Effect of chocolate on acne vulgaris«, in *J.A.M.A.*, 210, 11, 2071. 1969.
GRANT J.D., ANDERSON P.C.: »Chocolate as a cause of acne: a dissenting view«, in *Mo. Med.*, 62, 459. 1965.
KAMINESTER L.H.: »Acne: when friends or patients ask about«, in *J.A.M.A.*, 239, 2171. 1978.
MAC DONALD I.: »Effects of a skimmed milk and chocolate diet on serum and skin lipids«, in *J. Sci. Food Agr.*, 19, 270. 1968.
MACKIE B.S. and L.E.: »Chocolate and acne«, in *Austr. J. Derm.*, 15, 103-109. 1974.
MINKIN M.D.: »Effect of chocolate on acne vulgaris«, in *J.A.M.A.*, 211, 11, 1856. 1970.
ZOHN B.: »Skin testing with fractions of chocolate«, in *Annals of Allergy*, 5, 344. 1947.
Leitartikel: »Acne, soap and chocolate«, in *Med. J. of Australia*, 1, 19, 584. 1975.

VI. Schokolade und Karies

CHIVA M.: »Besoins sensoriels de l'homme: aspects psychologiques des produits sucrés«, in *Huitième Entretiens de la Garancière*, S. 23-96. 1982.
CLERGEAU-GUERITHAULT S.: »Le rôle des aliments sur la carie: place des confiseries et des chocolats«, in *Huitième Entretiens de la Garancière*, S. 9-14. 1982.
DEBRY G.: »Part des glucides dans l'équilibre alimentaire. Evaluation de leur rôle dans certaines pathologies: carie dentaire«, in *Centre de Nutrition Humaine de Nancy*. 1985.
DUNNING J.M., HODGE A.T.: »Influence of cocoa and sugar in milk on dental caries incidence«, in *J. Dental Res.*, 50, 4, 854-858. 1971.
GRAVENMADE E.J.: »Isolation, purification and some properties of a potential cariostatic factor in cocoa that lowers enamel solubility«, in *Caries Res.*. 20, 5, 433-436. 1986.
GREENBY T.H.: »The deposition of dental plaque on a diet containing chocolate and skim milk powder«, in *Arch. Oral Biol.*, 19, 213. 1973.
KINKEL H.J., CREMER H.D.: »The effect of cocoa ash on caries in the rat. Comparaison of Ashed cocoa with a mineral mixture«, in *J. of Dental Res.*, 39, 640. 1960.
LEGETT B.J.: »The effect of fluoridated chocolate flavored milk on caries incidence in elementary school children (two and three years studies)«, in *A.S.D.C. J. Dent. Child*, 54, 1, 18-21. 1987.
PALENIK C.J.: »Effect of water soluble components derived from cocoa on plaque formation«, in *J. of Dental Res.*, 58, 7, 1749. 1979.
PAOLINO V.: »The effect of cocoa on dextranesucrose activity.«, in *Rapport de l'Association Dentaire Internationole*. 1978.
ROTH T.H.: »Les facteurs cariogènes«, in *Huitième Entretiens de la Garancière*, S. 7-8. 1982.
SCHMIDT H.F., HOLSTEIN R.: »The effect of carbamide additives for the reduction of the cariogenicity of chocolate«, in *Denbtisch Zehnaerztl*, 34, 2, 160-161. 1979.
STRALFORS A.: »Inhibition of hamster caries by cocoa», in *Arch. Oral. Biol.*, 11, 149-161. 1966.
STRALFORS A.: »Effect on hamster caries by dialysed, detanned or carbo-treated water extract of cocoa«, in *Arch. Oral Biol.*, 11, 609-615. 1966.

VII. Schokolade und Chemische Zusammensetzung

APFELBAUM M.: *Dictionnaire pratique de diététique et de nutrition*. Ed. Masson. Paris, 1981.
BRICKER M.L.: »The effect of cocoa upon calcium utilization of women«, in *J. of Nutr.*, V, 39, 4, 445-462. 1949.
DOROSZ P: *Vitamines, sels minéraux et oligo-éléments*. Ed. Maloine. Paris, 1987.
DUPIN H.: »Apports nutritionnels conseillés pour les populations françaises«, in *C.N.R S C.N.E.R.M.A. Technique et Documentation*. 1981.
FERRANDO R.: »Sur les phosphatides d'ammonium«, in *Bull. de l'Acad. Nat. de Med. de Paris*, 164, 8, 792-793. 1980.
GARCHING B.M.: »Food composition and nutrition tables 1981-1982«.
GINESTE P.J.: »Le chocolat, aliment méconnu«, in *Le Scalpel*, 35, 1087-1090. 1952.

LABBE H.: »La valeur alimentaire et hygiénique du cacao et du chocolat«, in *Rev. Hyg.*, 53, 570-580. Paris, 1931.
LABBE H.: »Propriétés biologiques des théostérols de la fève du cacao«, in *Bull. Soc. Thér.*, 35, 71. 1930.
LANTEAUME M.T.: »Contribution à l'étude de la valeur nutritionnelle des protides du cacao«, in *Ann. de la Nutr. et de l'Alim.*, 26, 5, 197-207. 1972.
LASSABLIERE P.: »Cacao et chocolat«, in *Encyclopédie de l'alimentation.* 1950.
LEDERER J.: »Cacao et chocolat: des nourritures célestes«, in *Actualités Méd. Belges,* Dezember 1983
MARESCHI J-P., COUSIN F.: »Composition en vitamines de soixante-sept aliments courants«, in *Médecine et nutrition,* XX, 1, 39-46. 1974.
MARTIN R.A.: »Chocolate«, in *Advances in food res.*, 31, 211-244. 1987.
MINIFIE B.W.: »Chocolate, cocoa and confectionary«, in *Avi Publ.*. 1980.
MITCHELL H.H.: »The effect of cocoa on the utilization of dietary calcium«, in *J. of Am. Med. Asso.*, 129, 871-873. 1945.
PONTILLON J.: »La fabrication du chocolat«, in *Pour la science,* Aus. 86, 58-67. 1984.
RUSSELL H., COOK L.: *Chocolate production and use.* New-York, 1972.
SCHERZ H., KLOOS G.: *La composition des aliments.* Stuttgart, 1981.
»Twenty years of confectionery and chocolate progress.«, in *Annual Production conferences of the Pensylvania Manufacturing confectioners Association.* Newport, 1970.

VIII. Schokolade und die Seele

ASHLEY D.: »Chocolate: the drug of happiness«. Dok. Nestle, Oktober 1985.
CARNEY J.: »Differential antagonism of the behavioral depressant and hypothermic effects of 5' Adenosine by theobromine«, in *Pharmacol. Bioch. and Behav.*, 25, 769-773. 1986.
CHAUCHARD P.M.: »Correction par les sucres des effets excitants de la caféine et de la théobromine sur le système nerveux«, in *C.R. Acad. Med.*, 3. Juli 1943.
CHAYTOR J.P.: »The identification and significance of two phenylethylamine in foods«, in *J. Science Food Agric.*, 26, 593-598. 1975.
CHUANG L.W.: »Different effects of behaviorally equipotent doses of amphetamine and metamphetamine on brain biogenic amines: specific increase of phenylethylamine by amphetamine«, in *Eur. J. Pharm.*, 81, 385-392. 1982.
DEBRY G.: »Le café«, in *Monographie du Centre de Nutrition humaine de Nancy.* 1987.
DROLET R.: «Cocoa bean shell poisoning in a dog«, in *J. Am. Vet. Med. Assoc.*, 185, 8, 902. 1984.
DROUILLARD D.D.: »Studies on thebromine disposition in normal subjets«, in *Clin. Pharmac. Ther.*, 23, 296-302. 1978.
FAVRE-BISMUTH C., GROUZMANN E.: »Chocolatomanies. A propos de vingt-deux cas«, in *Entr. de Bichat Médecine,* S. 108-111. 1985.
HALLAL J.: »Are coffee, cold, tablets and chocolate innocuous or in their caffeine hazardous to your patient, health «, in *Amer. J. of Nursing,* 4, 423-425. 1986.
HUIDOBRO F.: »A comparative study of the effectiveness of dimethylxanthines against fatigue«, in *J. Pharmacol. Exp. Ther.*, 84, 380. 1945.
HURST J.: »Biogenic amines in chocolate«, in *Nutr. Rep. Intern.*, 26, 6, 1081-1086. 1982.
INGLES D.L.: »Recovery of biogenic amines in chocolate«, in *Chemistry and Industry,* 432. 1978.
JEFFERSON J.: »Interactions in the behavioral effects of methylxanthines and adenosine derivates», in *J. of Phamac. and Exper. Ther.*, 227, 1, 167-173. 1983.
KAROUM F.: »Selective effects of phenylethylamine on central catecholamines. A comparative study with amphetamine«, in *J. Pharmacol. Exper. Ther.*, 218, 432-439. 1982.
KLEIN D.F.: »Hysteroïd dysphoria«, in *Psychiatric Clin. of North Amer.*, II, 3. 1979.
KREISER W.R.: «The determination of theobromine and caffeine in cocoa and chocolate products by H.P.L.C.«, in *J. Assoc. of Anal. Chem.*, 61, 1424. 1978.
LEIBOWITZ S.F.: »Brain serotonine and eating behaviors«, in *Conf. on desorders of eating behavior,* Abstract 74. Pavie, 1985.

LIETMAN P.S.: »Breast milk distribution of theobromine from chocolate«, in *The journal of Pediatrics,* 91, 3, 477-480. 1977.

LOGAN L.: »Inherent differences in sensitivity to methylxanthines among Inbred mice«, in *Pharmacol. Biochim. Behavior,* 24, 1281-1286. 1980.

LOUIS-SYLVESTRE J.: »Peut-on devenir chocolatomane ?«, in *Le Généraliste,* Aus. 1134, 10-13. 1989.

MIRONEL E.: «Effect of cocoa and its components on growth and body composition of mice«, in *J. Am. Diet. Assoc.,* 32, 1171. 1956.

MONEY J.: »Love and love sickness«, in *Johns Hopkins University Press,* 1986.

PAUL S.M.: «Amphetamine binding to rat hypothalamus: relation to anorexic potency of phenylethylamine«, in *Science,* 218, 487-489. 1982.

PRAAG von H.M.: »Management of depressions with monoamine precursors«, in *Adv. Biol. Psychiatr.,* Vol. 10. Ed. Karger. Bale, 1983.

RESMAN B.H.: »Breast milk distribution of theobromine from chocolate«, in *J. of Pediatry,* 91, 3, 477-480. 1977.

SCHWOB M.: *De l'amour plein la tête ou la biologie de l'amour.* Ed. Hachette. Paris, 1984.

SCOTT D.F., MOFFETT A.M.: »Effects of oral amines on the EEG«, in *J. of Neurol. Neurosurg. Psychiatr.,* 40, 179-185. 1977.

SHANNON H.E.: »Self administration of the endogenous, trace amines, beta phenylethylamine, N methyl phenylethylamine and phenylethylamine in dog», in *J. Pharmacol. Exp. Ther.,* 222, 1. 1983.

SHIVELY C.: »High levels of methylxantines in chocolate do not alter theobromine disposition«, in *Clin. Pharmacol. Ther.,* 37, 4, 415-424. 1985.

SHULGIN A.: »Centrally active phenylethylamine«, in *Psycho. Pharmac. Communications,* 1, 93-98 1975

SNYDER S.H.: «Adenosine receptors and behavioral actions of methylxanthines», in *Proc. Nat. acad. Science U.S.A.,*78, 3260-3264. 1981.

STANLEY M.: »The toxicology of cocoa and methylxanthine: a review of the litterature«, in *C.R.C. Crit. Rev. in Toxicology,* 275-312. Januar 1982.

SUTTON R.H.: «Cocoa poisoning in a dog», in *Vet. Res.,* 109, 25-26. 1981.

ZOUMAS B.L.: «Theobromine and caffeine content of chocolate products«, in *J. Food Sc.,* 45, 314-316. 1980.

INHALTSVERZEICHNIS

TEIL III DAS VERHÄLTNIS ZUR SCHOKOLADE

KAPITEL I: Schokolade wird zur Lebensart

KAPITEL II: Vorurteile über Schokolade

KAPITEL III: Die verkannten Vorzüge der Schokolade

ANHANG

MICHEL MONTIGNAC

ESSEN GEHEN UND DABEI ABNEHMEN

In Frankreich verursachten Michel Montignacs Betrachtungen zu Diät und Ernährung eine Revolution. Denn er widerlegte eine ganze Reihe von Irrtümern und Mythen über das Abnehmen. Kein Wunder, daß sein Buch *„Comment maigrir en faisant des repas d'affaires"* europaweit zu einem Bestseller wurde. Die deutsche Ausgabe ist bereits 1993 im ARTULEN-VERLAG erschienen.

Auch Sie können in diesem Buch erfahren, wie man nach Lust und Laune im Restaurant essen und dennoch abnehmen kann. Sie werden staunen, wie leicht Sie Ihre überflüssigen Pfunde loswerden, ohne Kalorien zu zählen oder gar zu hungern.

Und was noch wichtiger ist: Sie werden lernen, Ihr neues Gewicht auch zu halten. Fast nebenbei fühlen Sie sich physisch und psychisch so wohl wie schon lange nicht mehr. Denn Sie gewöhnen sich an, nur noch gesund zu essen. Dabei verlangt MONTIGNAC nicht, daß Sie sich kasteien. Im Gegenteil: Hin und wieder können Sie ohne Schuldgefühle nach Herzenslust schlemmen. Sie müssen weder auf Wein noch auf Schokolade verzichten.

Bedeutende französische Ärzte und medizinische Institute unterstützen Montignacs Methode, und zahlreiche Prominente – darunter Politiker und Leistungssportler – haben sie bereits erfolgreich angewandt. In seinem Heimatland unterrichtet der Autor in Seminaren gewichts- und gesundheitsbewußte Menschen aus aller Welt.

Sein Buch gilt vielen als Meilenstein in der Geschichte der Ernährungswissenschaft. Es liest sich leicht, vermittelt Spaß am Essen und ist das beste „Gegengift" gegen langweilige Mahlzeiten und herkömmliche Diäten. Zugleich dient es jenen Geschäftsleuten und Genießern, die fit bleiben wollen, ohne die kulinarischen Freuden des Lebens zu missen, als unerläßlicher Ratgeber. Es ist allen Gourmets gewidmet, die sich auf das *„savoir vivre"* verstehen.

Hardcover,
mit zahlreichen Abbildungen

ISBN: 2-9062-3632-2
Preis: 49,80 DM sFr 49,80 öS 369.–

MICHEL MONTIGNAC

ICH ESSE
UM ABZUNEHMEN

DIE MONTIGNAC-METHODE

Nach jahrzehntelangen irrtümlichen und widersprüchlichen Diskussionen sind in der herkömmlichen Diätetik tiefgreifende Veränderungen im Gange.

Seit der Veröffentlichung der ersten französischen Ausgabe des Bestsellers *„Je mange donc je maigris"* im Jahre 1987 zählt Michel MONTIGNAC zu den führenden Köpfen der Ernährungsrevolution.

International bedeutende Ärzte haben ihn bei seinem Vorhaben unterstützt, das Grundprinzip der herkömmlichen Diätmethode zu widerlegen.

MONTIGNAC liefert den Beweis, daß eine Umstellung der Ernährungsgewohnheiten ausreicht, um eine Gewichtsabnahme zu erzielen.

Man versteht nun, warum die kalorienreduzierte Diätmethode ohne wissenschaftlichen Anspruch ist und wie sie letztlich einer Gewichtsabnahme entgegenwirkt. Mit Unterstützung der Ärzte liefert uns Michel MONTIGNAC die Erklärung, warum die Vitalität direkt von der Ernährung abhängt und wie man durch eine Umstellung der Ernährungsgewohnheiten seine physische und psychische Leistungsfähigkeit erhöhen kann.

Der Autor nimmt in diesem Buch eine Umorientierung der nunmehr berühmten MONTIGNAC-METHODE vor, indem er in der Anwendung seiner Ernährungsprinzipien noch weiter geht, insbesondere was Frauen betrifft.

Außer den speziellen Maßnahmen, die ergriffen werden sollten, um endgültig ein normales Körpergewicht zu erreichen, findet der Leser in diesem Buch eine Fülle von Ratschlägen, die über die richtige Auswahl der Nahrungsmittel dazu beitragen, jung, schön und gesund zu bleiben.

Ich esse um abzunehmen
Eine Aufforderung, die an den Leser ergeht.

ISBN: 3-930989-03-4
Preis: 29,80 DM sFr 29,80 öS 233.-

Anzeige

MICHEL MONTIGNAC

MONTIGNAC REZEPTE UND MENÜS oder Die feine Küche nach der Montignac-Methode

Mit einer revolutionären Ernährungsmethode, die nunmehr seinen Namen trägt, hat Michel MONTIGNAC in den letzten Jahren die ruhige Welt der herkömmlichen Diätetik erschüttert.

Er hat die hoffnungslose Wirkungslosigkeit und die Gefahren restriktiver kalorienreduzierter Diäten angeprangert und aufgezeigt, daß eine einfache Umstellung der Ernährungsgewohnheiten das beste Mittel darstellt, um eine Gewichtsabnahme zu erzielen und eine größere Vitalität zu erlangen.

Dieses Buch *„Rezepte und Menüs“* ist somit eine notwendige Ergänzung der ersten Werke *„Ich esse um abzunehmen“* und *„Essen gehen und dabei abnehmen“*, die zu internationalen Bestsellern wurden.

Wer sich bereits der Montignac-Methode verschrieben hat, erhält mit diesem Buch die Möglichkeit, sich mit den Prinzipien und der feinen Küche intensiver zu beschäftigen.

Die übrigen Leser werden erstaunt sein, ein Kochbuch vorzufinden, das nicht nur auf die regionale Kochkunst Wert legt und vom guten und genießerischen Essen handelt, sondern auch die Gesundheit miteinbezieht.

Außerdem werden sie zu Ihrer Verwunderung erfahren, daß Wein, Schokolade und Käse aus Rohmilch so außergewöhnliche Ernährungseigenschaften besitzen, daß sie nunmehr zum Verzehr empfohlen werden sollten, um eine Senkung des Cholesterinspiegels zu erreichen.

Zahlreiche Farbabbildungen

ISBN: 3-930989-00-X
Preis: 34.- DM sFr 34.- öS 265.-

Von Michel Montignac wurden innerhalb weniger Jahre mehrere Millionen Bücher verkauft, was auch Millionen Anhänger einer Ernährungsmethode, die die moderne Diätetik erschüttert hat, bedeutet.

Jetzt erreicht diese revolutionäre Ernährungsmethode durch CD-ROM eine neue Dimension. Michel Montignac erklärt hier die Bedeutung, die der Einsatz von Multimeda seiner Ansicht nach für die Montignac-Methode hat:

ARTULEN-VERLAG: Warum stellen Sie Ihre Methode auf CD-ROM vor?

MICHEL MONTIGNAC: Weil es eine Grenze gibt, die das Buch allein nicht überschreiten kann. Durch die interaktive Darbietung bietet sich mir fortan die Möglichkeit, mit meinen Lesern zu kommunizieren und sie vor allem über Wochen hinweg zu begleiten, um über den erzielten Erfolg zu sprechen. Denn das Gewichtsproblem ist immer eine individuelle Angelegenheit.

Die CD-ROM
„Ich esse, um abzunehmen"
ist überall im Buchhandel
erhältlich:
dtv 52101, DM 49.-

oder direkt bei: ARTULEN-VERLAG
Luisenstraße 4
D-77654 Offenburg
Tel.: (0781) 948 18 83
Fax: (0781) 948 17 82